STOP
A SUS FALTAS DE ORTOGRAFÍA

TEODORO CRUZ RODRÍGUEZ

EDITORIAL SINTESIS

Primera reimpresión: octubre 1989
Segunda reimpresión: octubre 1991

Diseño de cubierta: Juan José Vázquez

Vallehermoso, 32. 28015 Madrid
Teléfono (91) 593 20 98

Depósito legal: M. 27.313-1991
ISBN: 84-7738-024-4

Fotocompuesto en MonoComp, S. A.
Impreso en Lavel, S. A.
Impreso en España - Printed in Spain

Índice

Prólogo

A través de los muchos años en los que venimos dedicándonos a la enseñanza, hemos podido constatar el continuo y progresivo deterioro padecido por nuestra lengua, hasta el punto de que en la actualidad está alcanzando cotas de incorrección verdaderamente alarmantes, tanto en la expresión oral como en la escrita.

Conscientes de ello, nos hemos propuesto poner al alcance de los lectores un libro que permita resolver fácilmente las dudas que se les presenten a la hora de utilizar nuestro idioma con un mínimo de corrección.

Por eso no hemos querido enfocarlo como un texto que «haya de estudiarse», sino como un «libro de consulta», para tenerlo siempre al alcance de la mano, en la mesa de trabajo, con el fin de que nos resuelva, en un momento dado, cualquier duda con rapidez y claridad y, al mismo tiempo, nos enseñe de forma intuitiva y casi sin darnos cuenta, a través de las consultas que le hagamos, unas normas que iremos aprendiendo poco a poco, sin esfuerzo.

Está concebido, muy especialmente, para aquellas personas a las que, siendo ya estudiantes de grado superior, empleados, funcionarios, juristas, médicos, profesores, economistas, etc., se les plantea el problema sobre cómo se escribe tal o cual palabra que en ese instante han de utilizar.

Por otra parte, este método puede prestar al profesorado una gran ayuda para la enseñanza en sus clases, más aún si se complementan los conocimientos que proporciona con unos ejercicios prácticos adecuados, según el nivel de los alumnos de que se trate.

Para ello, hemos reunido en un extensísimo vocabulario cerca de cuatro mil palabras, que, juntamente con las abundantísimas frases que, como ejemplos, avalan y aclaran las de ortografía dudosa, sirve de base a nuestro propósito.

¿Cómo utilizar este método? ¡De modo muy sencillo!

Veámoslo con un supuesto práctico, que a cualquiera se le puede presentar.

Supongamos que usted quiere hacer valer sus derechos que le son conferidos como *sexagenario*, o que está comentando el *guirigay* que se ha formado por tal o cual motivo. ¿Cómo se escriben estas palabras?

Simplemente, búsquelas en el vocabulario. En él encontrará que cada una de ellas le remite a unas páginas. Consultadas éstas, obtendrá las siguientes informaciones:

sexagenario . . .Página 64 (1.5), razón por la que se escribe con *g* y, además, en la 105 (1.2), que debe llevar *x*.

guirigay . . . . . .Página 17, se le explica por qué no debe llevar tilde; pág. 62, que se escribe con *u* entre *g* e *i*; pág. 111, razón por la que lleva *y* al final y no *i*; pág. 113, cómo se forma el plural de esta palabra.

Esta breve consulta nos ha facilitado seis informaciones, además de que hemos podido aprender, de paso, otras palabras que se encuentran en las mismas normas.

Estamos seguros de que ya no volverá jamás a dudar sobre el uso correcto de estos vocablos.

He aquí, pues, una forma de aprender ortografía y ortología intuitiva y, a la vez, racionalmente, sin esfuerzo, ni dedicación continuada, sin necesidad de ponerse a estudiar las reglas ortográficas (tarea, por otra parte, pesada y aburrida) o hacer ejercicios prácticos con frases preparadas, sino con amenidad, interés y curiosidad.

La disposición de las normas ortográficas a doble página facilita, además, una visión de conjunto de las mismas y que nos entren por los ojos con claridad.

Estamos seguros de que con este método rendimos un gran servicio a la sociedad en pro de la dignificación de nuestro idioma y, por supuesto, facilitamos su uso correcto a quienes muestren su interés por salvar de la degradación constante a que se ve sometido el gran tesoro de la lengua castellana, la tercera del mundo en razón de sus hablantes y la primera en cuanto al número de países que la emplean como instrumento de comunicación.

1

Nociones preliminares

1.1. La lengua como sistema

La lengua es un sistema ordenado de signos sujetos a unas leyes que relacionan a unos con otros.

Este sistema se da en los distintos niveles que, convenientemente estructurados, producen las lenguas, cada una de las cuales tiene su sistema propio y diferente, al mismo tiempo, al de las demás.

Podemos resumirlo en el siguiente esquema:

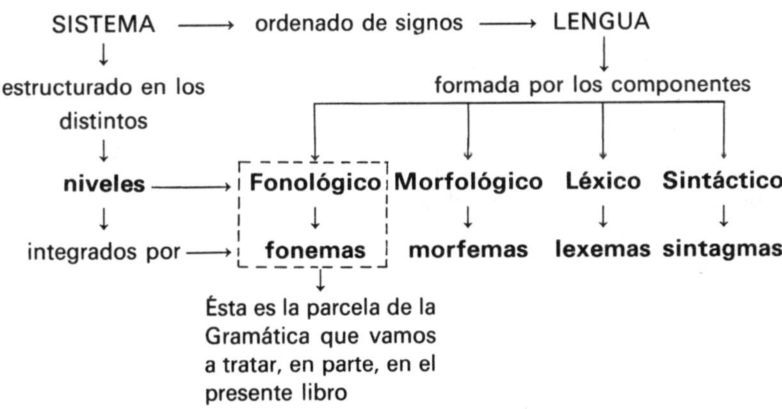

Antes de adentrarnos en el estudio de nuestro objetivo principal, vamos a delimitar algunos conceptos básicos, que nos ayudarán a su mejor comprensión.

1.2. Lenguaje

Entendemos por tal:

tanto *la facultad que tiene el hombre de expresarse mediante sonidos articulados,*

como *cualquier medio de expresión para comunicarse con sus semejantes.*

En este último sentido, el lenguaje abarcaría todos los medios de comunicación sistemáticos, tanto lingüísticos (lengua hablada y escrita), como no lingüísticos (lenguaje de los sordomudos, señales de tráfico, gestos, etc.).

1.3. Lengua

También podemos interpretar el concepto de *lengua* desde dos puntos de vista.

Por una parte, empleamos *lengua* como sinónimo de *idioma,* o sea *el modo de hablar de una comunidad o grupo humano definido.* Decimos, en este sentido, que hay una lengua española, otra rumana, francesa, inglesa, etc.

Por otra, en el campo de la Lingüística, la lengua se considera como *un sistema de signos de que disponen los hablantes para comunicarse.*

Para entender mejor esta última acepción, debemos oponerle el concepto de *habla.*

1.4. Habla

Es la realización individual de la lengua en un momento dado.

Aclaramos esto. Los españoles, por ejemplo, tenemos todos en la mente un sistema de signos que constituyen la lengua y *cada vez que uno de nosotros utiliza esa lengua está realizando un acto de habla.*

Mientras que la lengua es del dominio de la sociedad, el habla tiene un carácter individual y *es como una actualización personal de la lengua que poseemos en potencia.*

1.5. Norma

Empleamos este término con dos sentidos diferentes.

Gramaticalmente, norma *es equivalente a* regla. Decimos, indistintamente, *normas* o *reglas* para el uso de la B.

Llamamos también norma a *todo lo que es de uso común y corriente en una comunidad lingüística.*

No debemos confundir estos dos conceptos. Un ejemplo nos lo aclarará fácilmente.

Si escribimos la frase:

Esta forma *cae dentro del sistema* de la conjugación española, pues si de

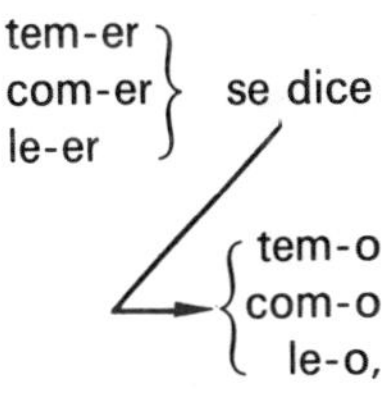

de ten-er, debería decirse, lógicamente, «ten-o»[1].

No cae dentro de la norma lingüística, ya que la realización común del habla es «ten-g-o».

Se sitúa en la norma, pues coincide con su realización lingüística del habla (fonéticamente).

No cumple la norma gramatical. Debería escribirse «hambre».

[1] Es lo que nos sucede en la primera infancia, en la que no conocemos, naturalmente, la norma, pero sí, de forma intuitiva, tenemos noción del sistema de la conjugación, por analogía con la de otros verbos, de ahí que digamos: *teno* (tengo), *pono* (pongo), *quero* (quiero), *sabo* (sé), ...

2

Elementos suprasegmentales

Son tan distintos los rasgos tonales de cada idioma que a menudo revelan por sí solos qué idioma se está oyendo hablar, aun sin captar las palabras. También las hablas regionales de un mismo idioma se caracterizan tonalmente. La melodía del habla está tan arraigada que, al adquirir una lengua, los individuos siguen utilizando muchas veces algún «tonillo» que refleja su nacionalidad.

La base natural del tono es la emoción. Según el grado de emoción se emplean intervalos mayores o menores, pero también influyen las costumbres de la comunidad. Por eso el tono calmado en un grupo puede parecer agitado para otro. Sea como fuere, por la fuerza del ritmo y el tono en el hablar, entendemos muchas modalidades de énfasis, de ternura, de interés, de ironía, etc.

El tono se emplea en no pocas lenguas como cualquier otro fonema para distinguir las palabras. Así pasa en el chino, y es por eso por lo que suena tan animado, como si el hablante estuviera diciendo, preguntando y dejando suspenso el pensamiento sin esperar contestación, cuando, en realidad, sólo está dando los tonos normales que corresponden a cada palabra...

El acento es otro rasgo musical que puede tener distintas funciones en las lenguas. Normalmente involucra la fuerza de la enunciación acompañada muchas veces de cierto alargamiento...

MAURICIO SWADESH[1]

Independientemente del sistema fonológico propio, cada idioma, e incluso cada variedad regional, posee unas características fonéticas, tales como los rasgos tonales, la melodía, el acento, etc., que lo hacen diferenciarse de los demás y le imprimen un carácter peculiar.

[1] Mauricio Swadesh: *El lenguaje y la vida humana*. 1.ª ed. Fondo de Cultura Económica. México, 1966, págs. 227-230-231.

En la determinación de estos rasgos influyen actitudes individuales, psíquicas o físicas del hablante (emoción, nerviosismo, alegría, sexo...), sociológicas propias de una comunidad o raza, etc.

Afectan, incluso, al aspecto morfológico de la lengua (crítico = sustantivo; critico = verbo) o al semántico (crítico = persona; criticó = acción) y sintáctico.

Elementos suprasegmentales. *Son aquellos elementos fónicos que afectan a unidades lingüísticas* (sílaba, palabra, oración) *mayores que el fonema* (segmentos mínimos) y que, por tanto, se encuentran situados en un plano superior (suprasegmental).

Son éstos el *acento* y la *entonación.*

2.1. Acento

Es la mayor intensidad con que se pronuncia una sílaba de una palabra.

Consideradas aisladamente, todas las palabras tienen acento, pero algunas pueden perderlo en la cadena hablada, formando un solo grupo tónico con otro vocablo.

Este acento, al que llamamos *tónico* o *prosódico,* no se escribe siempre. Solamente las palabras que se ajustan a determinadas reglas llevan, para indicar su acentuación, una *tilde* o *virgulita* (´) sobre la vocal de la sílaba tónica *(acento gráfico).*

2.1.1. Clases de palabras según el acento

• **Con acento**

Clases	Tienen el acento en la sílaba	Ejemplos
— *oxítonas, agudas*	última	*alacrán, amor, balcón, ronzal, temblar*
— *paroxítonas, graves, llanas*	penúltima	*bíceps, césped, hambre, justo, luna, móvil sabroso, zanco*
— *proparoxítonas, esdrújulas*	antepenúltima	*acémila, bólido, presbítero, tímido*
— *sobresdrújulas*[2]	anterior a la antepenúltima	*fácilmente, propóngaselo suscítasele*

[2] Son siempre compuestas.

Pertenecen a este grupo los sustantivos, adjetivos, verbos y parte de los adverbios.

• **Sin acento**

Artículos, preposiciones, conjunciones, pronombres y algunos adverbios. También una de las que forman palabra compuesta o que, por su uso, se pronuncian como tal, aunque no lo sean.

Pueden ser:

— *proclíticas*. Las que se apoyan, a efectos tónicos, en la palabra siguiente:

te marchas, *con* ella, *canta* mañanas,

santo Dios, *Casas* Ibáñez

— *enclíticas*. Se apoyan en la palabra anterior:

márcha*te*, llévense*lo*, defiénde*nos*, edúca*selas*

2.1.2. Grupo tónico

Es el formado por varias sílabas, de las cuales una destaca sobre las otras por el tono. Se le llama *tónica* o dominante. Las demás sílabas serán *átonas* y, por su posición en el grupo, pueden ser *protónicas* o *postónicas*, según vayan situadas, respectivamente, delante o detrás de la tónica.

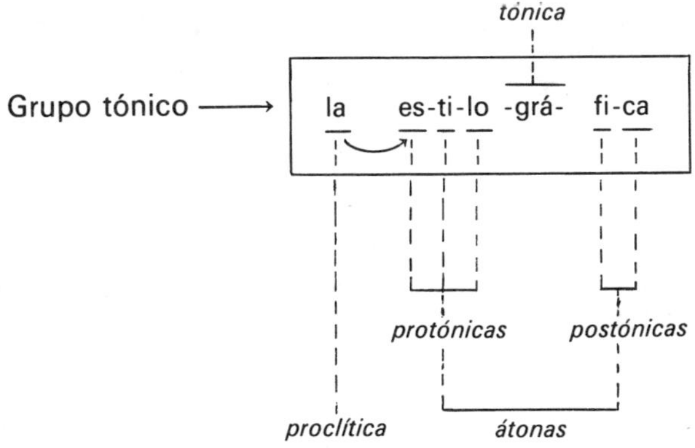

2.1.3. Normas generales para el uso del acento gráfico

Las palabras	Se acentúan	Ejemplos
• *monosílabas*	*nunca* (1)	*can, Dios, mar, sol*
• *con más de una sílaba:* *agudas*	las terminadas en *vocal*, en *N*, o en *S*	*amó, balón, calzón, estudié, Inés, jamás, Ramón, revés*
graves o llanas	las acabadas en *consonante* (menos *N* o *S*)	*arcángel, áspid, cárcel, huésped, lápiz, mármol*
esdrújulas y sobresdrújulas	todas	*cándido, pálido, vómito, respóndeselo, tómatela*

(1) La tilde se usa algunas veces como *signo diacrítico* o diferenciador en palabras que, según las reglas anteriormente expuestas, no deberían llevarla. Se les pone, sin embargo, para marcar una distinción entre vocablos gráficamente iguales, aunque morfológicamente sean distintos.

Tal es el caso de los monosílabos siguientes:

de	preposición	**dé**	del verbo *dar*	Dé *usted el periódico de* hoy
el	artículo	**él**	pronombre	El *bolígrafo de* él
mas	conjunción adversativa	**más**	adverbio de cantidad	*Yo quería* más, mas *ya no queda*
mi	adjetivo posesivo (apócope de *mío*); sustantivo (tercera nota de la escala musical)	**mí**	pronombre	Mi *libro es para* mí *¡Ay de* mí! *Sonata en* mi *bemol*
se	pronombre	**sé**	del verbo *saber*	Se *me olvida lo que* sé
si	conjunción condicional; sustantivo (séptima nota de la escala musical)	**sí**	pronombre; adverbio de afirmación	Si *me quieres, dime que* sí *Esta nota es un* si *sostenido* *No ha vuelto en* sí

te	pronombre	**té**	sustantivo	Te *invito a tomar un* té *con pastas*
tu	adjetivo posesivo (apócope de *tuyo*)	**tú**	pronombre	Tu *hermana y* tú

2.1.4. Normas para la acentuación de los diptongos

En los casos en que, según las normas generales de acentuación anteriormente expuestas, la sílaba que debe llevar tilde es:

diptongo	*ui-iu*	el acento se marca sobre la última de las vocales	*arruínalo, destruímosle, cuídate*
	que no sea uno de los dos anteriores	la tilde se pone sobre la vocal más abierta	*áulico, cáusale, Adriático, tráigame, tuéstalo*

OBSERVACIÓN:

Las palabras agudas acabadas en *ay*, *ey*, *oy*, *uy* no llevan tilde:

Alcoy, Bombay, caray, carey, convoy, Espeluy, Godoy, guirigay, jersey, nanay, Paraguay, Uruguay

2.1.5. Acentuación de los triptongos

Llevarán la tilde sobre la vocal más abierta:

actuáis, apacigüéis, santiguáis

2.1.6. Vocales en hiato

Si el acento recae sobre una de las vocales que vayan en hiato (véase página 135).

• *y esta vocal tónica es I o U*, llevará *tilde diacrítica en todo caso*, aunque no se ajuste a las normas generales, precisamente para indicar que dichas vocales están en hiato:

María, tío, fía, mohíno, caído

EXCEPTO: En el caso en que las dos vocales en hiato sean u-i:

argüir, instruir, retribuir

• en los demás casos siguen las reglas generales:

peón, soleá, Teócrito

2.1.7. Acentuación de las palabras compuestas

Cuando se trata de:

• *forma verbal+pronombre*, conserva el acento, si lo llevaba la forma verbal:

améla, déle, salióme, sintióse, tomólo, zurróte

• *en los demás casos*, la palabra compuesta se considera, a efectos de acentuación, como si fuese simple, siguiendo las normas generales y prescindiendo de la acentuación que, independientemente, tuviera cada una de las componentes:

astronauta, astrofísica, bocamanga, cuentakilómetros, decimocuarto, hispanoamericano, portalápiz, sobreseído, vigesimoséptimo[3]

OBSERVACIÓN:

Un buen número de adverbios se forma a partir de adjetivos, a cuya forma femenina se le añade el sufijo *-mente*.

---

[3] Si los adjetivos que forman el compuesto van separados por guión, los componentes conservan tanto su acentuación prosódica, como gráfica: *italo-francés, cántabro-astur, histórico-crítico*.

Estos adverbios conservan en la pronunciación los dos acentos fonéticos de sus componentes, sin que en ningún caso deban pronunciarse como palabra llana, so pena de cometer una incorrección.

En la escritura sólo se marcará la tilde en el adverbio en los casos en que el adjetivo debiera llevarla, teniendo en cuenta las normas generales. Ejemplos:

Adjetivo		Adverbio
ágil		*ágilmente*
atroz		*atrozmente*
buena		*buenamente*
cándida		*cándidamente*
extraordinaria		*extraordinariamente*
feliz		*felizmente*
hábil		*hábilmente*
implícita	+ *mente* =	*implícitamente*
impúdica		*impúdicamente*
ordenada		*ordenadamente*
pecaminosa		*pecaminosamente*
preconcebida		*preconcebidamente*
primera		*primeramente*
tranquila		*tranquilamente*
última		*últimamente*

Esta doble acentuación que mantienen los adverbios en *-mente* posibilita que, cuando hayamos de usar juntos más de uno de esta naturaleza, se construya con *-mente* sólo el que va en última posición.

No debe, por tanto, decirse (ni escribirse): Entregó su alma al Señor *paulatinamente, tranquilamente y dulcemente*, sino *paulatina, tranquila y dulcemente*.

2.1.8. Acentuación de las letras mayúsculas

Hay un error muy extendido, que es el de considerar que las letras mayúsculas no se acentúan, más aún cuando una palabra, frase o escrito se pone completo con este tipo de letras.

No existe tal excepción[4].

---

[4] Hay una costumbre muy extendida de no colocar la tilde en las letras mayúsculas, quizás porque ésta se sale de la línea superior que marcan las mayúsculas, paralela a la inferior determinada por todas las letras de un renglón. Esto no sucede con las minúsculas:

Océano / OCÉANO

Debe escribirse	Es incorrecto
OCÉANO ÍNDICO TRATADO DE ÁLGEBRA CUADRO SINÓPTICO DE LAS MAYÚSCULAS AMÉRICA DEL NORTE GRAMÁTICA ESPAÑOLA	OCEANO INDICO TRATADO DE ALGEBRA CUADRO SINOPTICO DE LAS MAYUSCULAS AMERICA DEL NORTE GRAMATICA ESPAÑOLA

2.1.9. Acento diacrítico

Además de lo dicho en las normas generales para el uso del acento gráfico, referente a su utilización en algunos monosílabos, así como lo mencionado en el apartado que trata sobre el acento de las vocales en hiato, se utilizará la tilde con función diacrítica o diferenciadora en los casos siguientes:

- **Demostrativos**

Este, ese y **aquel,** con sus femeninos y plurales, pueden funcionar:

— *Como adjetivos*, en cuyo caso no llevan tilde:

este niño, *aquella* pelota, *esos* pájaros

— *Como pronombres*, sí se acentúan:

es *éste*, quiero *aquélla*, déme *ésa*[5]

- **Interrogativos y exclamativos**

Que, cual(es), quien(es), cuando, cuanto, donde y **como** llevan tilde si se emplean con sentido interrogativo o exclamativo:

¡*qué* bonito es esto!, ¿*qué* quieres?, ¿*quién* ha venido?,
¿*cuándo* te marchas?, ¡*cómo* sudas!,
¡*cuánto* trabajo para nada!, ¿*cuánto* me quieres?

---

[5] No obstante, la Real Academia Española en sus «Nuevas normas de prosodia y ortografía», de aplicación preceptiva desde 1 de enero de 1959, dice que «llevarán normalmente tilde», pero «será lícito prescindir de ella cuando no exista riesgo de anfibología» (norma 16.ª).

No la llevan en los demás casos:

cuando leo, me duele la cabeza; dale el *que* quiera;
quien bien te quiere; estoy *donde* y *como* quiero

- **Otras palabras**

Solo

Puede funcionar:

— *Como sustantivo.* Significa «pieza musical o paso de danza que ejecuta o interpreta una sola persona»:

Tocó un *solo* de violín.

— *Como adjetivo.* «Sin compañía, aislado, único»:

Me encuentro completamente *solo.*
En el bombardeo quedó un *solo* superviviente.
Me queda un *solo* par de zapatos de ese número.

— *Como adverbio.* «Solamente»:

Sólo te quiero a ti; el sueldo da *sólo* para comer.

En este último caso deberá llevar tilde, para evitar una anfibología.

Aun

Llevará tilde *(aún)* y se pronunciará como bisílaba cuando pueda sustituirse por *todavía* sin alterar el sentido de la frase:

Aún está enfermo; está enfermo *aún.*

En los demás casos, es decir, con el significado de *hasta, también, inclusive* o *siquiera* (con negación), se escribirá sin tilde:

Aun los sordos han de oírme; ni hizo nada por él ni *aun* lo intentó[6].

---

[6] R. A. E. «Nuevas normas...» (norma 17.ª).

Por que, por qué, porque, porqué

Veamos las diferencias:

— *Por que.*

Se trata de *la preposición por + el relativo que* (referido, lógicamente, a un antecedente):

Éste es el modelo de sociedad *por que*
(= *por el cual*, referido a modelo de sociedad) luchamos.

Suele emplearse más *«por el que...»*, con lo que se evita la confusión.

— *Por qué* y *porque.*

El primero sirve para interrogar, inquiriendo la causa de algo. El segundo es conjunción causal, con la cual se introduce la proposición subordinada que explica la causa por la que se pregunta en la proposición principal:

¿Por qué no has venido?; *porque* he estado enfermo.
No te lo digo, *porque* no me parece oportuno.

— *Porqué.*

Funciona como sustantivo y significa «causa o motivo». Se emplea precedido de artículo:

Quisiera saber el *porqué* de la decisión que has tomado.

- **Conjunción disyuntiva O**

Aunque no es preceptivo, se aconseja poner tilde sobre la conjunción *o*, cuando ésta va entre números, para evitar que se confunda con la cifra *cero* y dé lugar a error:

uno *o* dos, pero 1 ó 2 (para que no caigamos en el posible
error de leer *ciento dos*)

2.1.10. Palabras que cambian la sílaba tónica en el plural

Al pasar del singular al plural, cambia de sílaba el acento en las palabras:

espécimen - especímenes, régimen - regímenes,
carácter - caracteres

2.1.11. Palabras con dos formas de acentuación

La Real Academia Española autoriza dos formas de acentuación en las palabras siguientes:

alveolo - alvéolo	*ilíaco-a - iliaco-a*
amoníaco - amoniaco	*jeremíaco - jeremiaco*
anémona - anemona	*medula - médula*
antinomia - antinomía[7]	*metempsicosis - metempsícosis*
arteriola - arteríola[7]	*metopa - métopa*
aureola - auréola	*misil - mísil*
austriaco - austríaco	*neroli - nerolí*
beréber - bereber	*nigromancia - nigromancía*
bimano - bímano	*olimpiada - olimpíada*
cantiga - cántiga	*omóplato - omoplato*
cardíaco - cardiaco	*oniromancia - oniromancía*
cartomancia - cartomancía[8]	*onomancia - onomancía*
cíclope - ciclope	*ornitomancia - ornitomancía*
cóctel - coctel	*ósmosis - osmosis*
conclave - cónclave	*pabilo - pábilo*
cuadrumano - cuadrúmano	*paradisíaco - paradisiaco*
chófer - chofer	*parásito - parasito*
dinamo - dínamo	*pensil - pénsil*
dionisíaco - dionisiaco	*pentagrama - pentágrama*
disentería - disenteria[7]	*período - periodo*
égida - egida	*policíaco - policiaco*
elixir - elíxir	*políglota-a - poliglota-a*
endósmosis - endosmosis	*présago - presago*
etíope - etiope	*quiromancia - quiromancía*
exégesis - exegesis	*reptil - réptil*
exósmosis - exosmosis	*reuma - reúma*
fríjoles - frijoles[9]	*sánscristo - sanscrito*
fútbol - futbol[10]	*saxófono - saxofón*
genetlíaco - genetliaco	*tortícolis - torticolis*
gladíolo - gladiolo	*triglifo - tríglifo*
grafila - gráfila	*uromancia - uromancía*
helespontíaco - helespontiaco	*varice - várice*
helíaco - heliaco	

[7] A pesar de que la R. A. E. en las «Nuevas normas...» (norma 4.ª) acepta esta forma, en la última edición del *Diccionario* (norma 20.ª), del año 1984, la ha suprimido.

[8] Lo mismo sucede con todas las palabras acabadas en *-mancia*, con significado de adivinación.

[9] Americanismo.

[10] En «Nuevas normas...» (norma 4.ªm) se dice que la primera forma «quedará como única autorizada». Sin embargo, en el último *Diccionario* aparecen las dos.

En tales casos la variante que figura en primer lugar es la preferida por la Academia, sin que esta preferencia signifique rechazo de las que se consignan a continuación[11].

2.1.12. Vocablos latinos usados en castellano

En la lengua latina no existía el acento gráfico, sin embargo, cuando utilizamos términos latinos en nuestra lengua, aceptados y recogidos por la R. A. E. en su *Diccionario*, ya que se han perpetuado como de uso normal, les aplicamos las reglas generales de la acentuación, tratándolos como si fuesen castellanos:

abintestato	*factótum*	*maremágnum*	*referéndum*
accésit	*imprimátur*	*memorándum*	*réquiem*
currículum	*ítem*	*quídam*	*vademécum*
desiderátum			

2.1.13. Topónimos y antropónimos extranjeros

Los nombres propios extranjeros pueden escribirse:

— *Sin acento*, como en su propio idioma:

Mozart, Schubert, Wagner, Windsor

— *O aplicándoles las reglas españolas*, siempre que lo permita su pronunciación y grafía:

Mózart, Schúbert, Wágner, Wíndsor

No obstante, cuando se trata de topónimos que se han incorporado a nuestra lengua o se han adaptado a su fonética, no deben considerarse como extranjeros y se les aplicarán las normas generales de acentuación:

Bélgica (Belgique o Belgie)	*Noruega (Norvege)*
Berlín (Berlin)	*Padua (Padova)*
Génova (Genoa)	*París (Paris)*
Londres (London)	*Pekín*
Milán (Milano)	*Suecia (Sverige)*
Moscú (Movskoskaia)	*Támesis (Thames)*
Nápoles (Napoli)	*Turín (Torino)*

[11] R. A. E. *Diccionario de la Lengua española*, 20.ª ed., Madrid, 1984 (advertencias para el uso de este diccionario, pág. XIX).

2.2. Grupo fónico

Entendemos como tal, *la porción de frase comprendida entre dos pausas o descansos de la cadena hablada.*

El grupo fónico suele estar formado por varios grupos tónicos, pero también puede constar de uno solo.

Al hablar, nos vemos obligados a hacer algunos descansos o interrupciones motivados por el ritmo respiratorio, la finalización del sentido de una oración o, simplemente, como recurso estilístico para dar mayor realce expresivo al discurso.

A estos descansos se les denomina *pausas* y su duración es variable, así como el lugar donde deben hacerse, que depende en cada caso de múltiples circunstancias.

Las pausas se marcan en la escritura mediante los signos de puntuación.

... PAUSA | el a lum no es tu dia la gra má ti ca | PAUSA ...

(entonación)

←---- GRUPO FÓNICO ----→

2.2.1. Entonación

Podemos afirmar, sin lugar a dudas, que la lengua hablada supera con mucho a la escrita, ya que tiene a su alcance una serie de recursos, tales como la modulación de la voz, el tono, el ritmo conseguido con las pausas, etc., que convierten al lenguaje en una auténtica melodía.

La importancia del tono nos la demuestra el hecho de que una misma frase, variando en ella únicamente el modo de pronunciarla, puede cambiar completamente de significado.

Un ejemplo nos aclarará esto fácilmente:

«Buen amigo te has echado»,

expresado en tono normal a un interlocutor, indica nuestra complacencia y agrado por esa amistad, que consideramos excelente.

«¡Buen amigo te has echado!»,

pronunciada en un tono de voz más intenso, acentuado y con un tinte de sorna (sólo posibles en el lenguaje oral), quiere decir, precisamente, todo lo contrario, o sea que el amigo es, cuando menos, un granuja.

La entonación ha sido capaz, por sí sola, de dar lugar a un cambio semántico de la frase.

Será, por tanto, necesario poner gran cuidado en la entonación de la expresión oral, para obtener no sólo la máxima corrección, sino la mejor comprensión del mensaje.

2.2.2. Clases de entonación

La entonación varía según la clase de oración o de la frase que forme el grupo fónico. Distinguiremos, consecuentemente, varios tipos:

a) Enunciativa

La frase enunciativa, que es la de más corriente uso en el lenguaje, se caracteriza por comenzar a emitirse en un tono más bajo que el normal, ascendiendo hasta el primer acento. Después adquiere un tono normal, regular, para descender, finalmente, a partir de la última sílaba acentuada:

el médico operaba a su paciente   los alumnos no estudian casi nada

Los ejemplos anteriores constan, cada uno de ellos, de un solo grupo fónico. Cuando la frase está formada por varios, el último termina con entonación descendente y los anteriores ascendente:

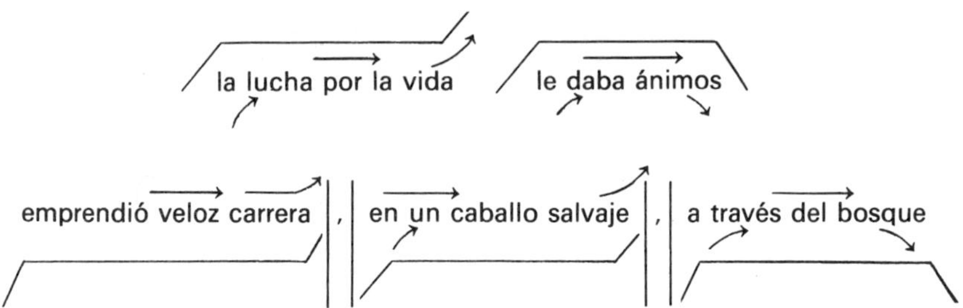

b) Interrogativa

En éstas se comienza con un tono más alto que en las enunciativas y hemos de distinguir, al menos, dos casos:

— Que la pregunta sea *absoluta*.
— Que sea *relativa*.

Decimos que una pregunta es absoluta, cuando la respuesta ha de ser necesariamente sí o no. Relativa, cuando admite otras respuestas.

En ambas el tono final es ascendente, pero mientras que en las absolutas hay un previo descenso de gran intensidad, en las relativas el tono se mantiene más estable desde el principio:

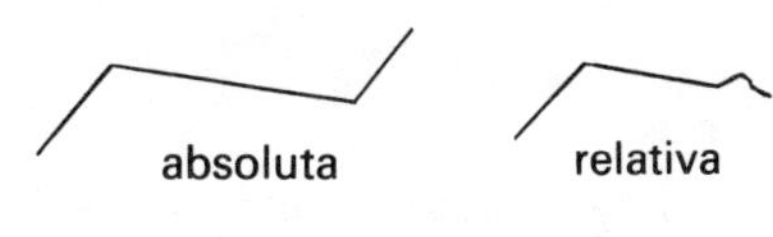

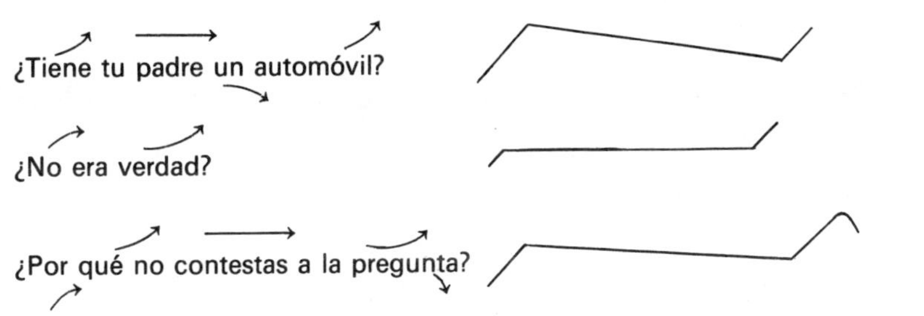

El tono puede variar mucho, según el interés que se ponga en la pregunta o en algunos elementos de la misma.

c) Imperativa

En líneas generales suele coincidir con la enunciativa, aunque su tono de voz es más elevado, como para expresar la autoridad del que habla, ya se trate de un mandato, un ruego o una súplica:

cierra la puerta no llores más ¡vete al cuerno!

d) Exclamativa

Por tratarse de frases en las que se expresan los afectos más vehemente mente, varía muy considerablemente la inflexión de la voz y podremos observar que mientras en algunas de ellas la entonación es muy semejante a la de las enunciativas, en otras se acerca más a las interrogativas:

3

Signos ortográficos

Los signos ortográficos tienen la finalidad de regular las pausas, la entonación u otras circunstancias de la frase, para lograr una perfecta pronunciación de la misma.

Representan para la escritura lo que las señales de tráfico para la ordenación, fluidez y corrección del mismo.

Para su estudio, dividiremos los signos ortográficos en tres grupos: signos de puntuación, de entonación y otros signos.

3.1. Signos de puntuación

Tienen por objeto señalar las pausas que han de hacerse en el discurso. Son los siguientes:

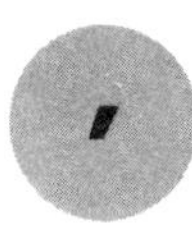

3.1.1. Coma

Indica una pausa breve. Se emplea:

• *Para separar palabras en una enumeración,* sea cual fuere la categoría gramatical de las mismas:

> *Los vertebrados pueden ser mamíferos, aves, reptiles, anfibios y peces.*
> *Se estudiarán las lecciones cuarta, novena, undécima y vigésima.*
> *Falla, Albéniz, Bretón y Serrano son músicos españoles.*
> *Son preposiciones: a, ante, bajo, cabe, con...*
> *Las tres conjugaciones españolas terminan en -ar, -er, -ir.*

EXCEPTO en los casos en que llevan, generalmente, las conjunciones *y*, *e*, *ni*, *o*, antes de la última enumeración:

No sé si fueron cinco, seis o siete los que me asaltaron.
No tenía camisa, pantalones ni zapatos.

• *Para separar frases u oraciones yuxtapuestas*, con las mismas excepciones que en el caso anterior:

El canto de las aves, el correr de las fuentes, el susurro del viento y el murmullo de los animales orquestaban una sinfonía natural.
Llegué, vi, vencí.
Acude, corre, vuela, traspasa la alta sierra, ocupa el llano.

• *Si una frase comienza por un vocativo, se pone coma detrás de él. Si el vocativo va en medio de la frase, se coloca entre comas:*

Pepe, acércame la silla.
Para y óyeme, oh sol, yo te saludo.
Papá, ven en tren.
¡Lo que alivia, madre mía, el suspirar!

Esto es debido a que el vocativo no ejerce función sintáctica alguna dentro de la oración. La finalidad del vocativo es la de traer a primer plano, invocándola o llamándola, a la persona, animal u objeto a quien va dirigido el mensaje. No afecta a la sintaxis y cumple únicamente una función en el habla, en la comunicación. Por eso decimos que es un elemento extraoracional. Su presencia se marca con una pausa antes y después del mismo en el lenguaje oral, por lo que en el escrito ha de indicarse dicha pausa mediante las comas.

• *Se coloca entre comas cualquier elemento incidental* (que se pone intercalado en una frase), bien sea:

— Una oración explicativa:

Las muchachas, como no nos esperaban, estaban sin arreglarse.

— Otra oración incidental:

Me dijo tu padre, ahora que me acuerdo, que no lo esperases.

— Las expresiones: es decir, sin embargo, no obstante, por último, por consiguiente, esto es, u otras similares:

Los perros, sin embargo, no dejaron de ladrar.
Agradecemos, por último, tu colaboración.
Dicha reunión, no obstante, carecía de sentido.
Ya sabes, por consiguiente, a lo que te expones...

— Cuando se invierte el orden regular de las proposiciones que forman una oración compuesta o una cláusula:

ORDEN INVERTIDO	ORDEN RECTO
Donde hay patrón, no manda marinero.	*No manda marinero donde hay patrón.*
Cuando vengas, me avisas.	*Me avisas cuando vengas.*

3.1.2. Punto

- *Punto y seguido.* Para separar frases dentro de un párrafo:

Una débil claridad aparece en las altas vidrieras de la catedral. Es la hora del alba. A esta hora baja el obispo a la catedral. El palacio del obispo está unido a la catedral por un pasadizo que atraviesa la calle. A la hora en que el obispo entra en la catedral todo reposa en la pequeña ciudad.

(AZORÍN)

- *Punto y aparte.* Para separar párrafos:

—Ya, ya, este señor es de los que ponen las cosas en leyenda.

—Este señor —tornan a decirle— puede hacer que tú salgas en los papeles.

—Ya, ya —torna a replicar él con una expresión de socarronería y de bondad.

—¿Conque este señor puede hacer que Martín, sin salir de su casa vaya muy largo?

- *Punto final.* Al terminar un escrito.

3.1.3. Puntos suspensivos

Los puntos suspensivos se emplean:

• Cuando no queremos terminar una frase, porque suponemos que lo que falta de ella es conocido por quien la lea:

El que a buen árbol se arrima...
Díme con quién andas...
El que con niños se acuesta...

• En una enumeración larga, que dejamos sin terminar:

De todo vendían en aquellos almacenes: calzados, ropas, perfumes, joyas...

• Cuando copiamos parte de un texto:

«Platero es pequeño, peludo, suave...»

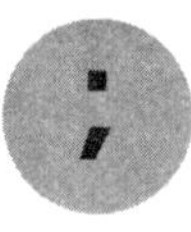

3.1.4. Punto y coma

Indica una pausa de duración intermedia entre la coma y el punto. Se emplea en los casos siguientes:

• Cuando la frase es muy larga y ya se ha empleado la coma varias veces, haciéndose necesaria una pausa mayor:

Unos se adelantaban, otros tardaron mucho en moverse; pasaban algunos junto a nosotros, mientras los había que se quedaban detrás.

• Entre dos oraciones unidas entre sí por conjunción, siempre que, en orden a la idea que expresa la segunda, no tenga perfecto enlace con la anterior:

Concertábamos irnos a tierra de moros, pidiendo por amor de Dios, para que allá nos descabezasen; y paréceme que nos daba el Señor ánimo en tan tierna edad.

(SANTA TERESA DE JESÚS)

• Delante de las conjunciones adversativas *mas, pero, aunque, sin embargo...*, si la frase es bastante larga. Cuando es corta se pone únicamente una coma:

Anduvieron durante toda la noche cantando, bailando y bebiendo sin parar, de un lado para otro; pero al dar las cinco de la mañana el reloj de la villa cada uno se marchó a su casa silenciosamente.

Ha llovido bastante, aunque no lo suficiente.

3.1.5. Dos puntos

Se ponen dos puntos:

• Para hacer a continuación una enumeración:

Hay tres clases de triángulos: equiláteros, isósceles y escalenos.

• Después de la introducción de saludo con que suele comenzarse una carta:

Muy señor mío: Por la presente ruego a usted me envíe...

Querido padre: Después de tanto tiempo sin escribirte...

Apreciado maestro: Me permito dirigirme a usted en la seguridad...

Distinguida señorita: Con esta carta nos permitimos enviarle adjunta una muestra de cosméticos...

Reverendísimo señor: Desearía, si le fuese posible, me notificase...

• En las oraciones en que se emplea el estilo directo, antes de citar las palabras textuales que queremos repetir:

Jesucristo dijo: «Amarás al Señor, tu Dios, con todo tu corazón».

• Después de las frases: *por ejemplo, a saber, como sigue, son los siguientes, verbigracia*, etc., a continuación de las cuales se especifica, aclara o explica lo que se ha dicho anteriormente:

Aunque pocos, hay algunos mamíferos acuáticos, por ejemplo: la ballena.

Las cualidades del sonido son cuatro, a saber: cantidad, intensidad, tono y timbre.

La salsa se hace como sigue: se pone a cocer durante cinco minutos...

Los soldados que tienen permiso para salir del cuartel son los siguientes: Pedro Fernández, José Ruiz...

Frutos en drupa son aquellos que tienen el mesocarpio carnoso y el endocarpio leñoso, con una sola semilla encerrada en él, verbigracia: el albaricoque, el melocotón y la ciruela.

• Después de las palabras o expresiones tales como *expone*, *suplica*, *certifica*, *hago saber*, etc., que se ponen en las instancias, certificaciones, bandos...

Francisco Pérez Fernández, como Alcalde presidente de la villa de Matalespino, hago saber: Queda prohibido, a partir de hoy, arrojar desperdicios en el paraje...

P. T. R., secretario de la Junta de Distrito de X, certifica: Que obra en nuestro poder solicitud...

T. J. H., vecino de... a V.I. expone: Que desea edificar una casa con dos plantas... Por lo que suplica: Le sea concedida licencia de obras...

Algunos autores modernos han utilizado entre las nuevas técnicas narrativas, la de una escritura exenta de signos ortográficos, dejando que el lector interprete el texto a su modo, con lo que se ha pretendido una participación más activa de éste en la obra.

Estos intentos no han pasado de ser, sin embargo, meras experimentaciones.

Como ejemplo, ponemos a continuación dos textos:

Jardín para Octavio Paz *(fragmento)*

Y entonces
el niño llega al árbol
y se comprende que no había pájaro
cantando
que el canto era ese nombre
que recibe ese acto
para el que está mirando como quien
ama
como quien
vive
como quien
sabe que los árboles
la verde vibración
que es la planta
envuelta en aire
lo salvan de ser eso
que todo el resto insiste en darle
a partir de zapatos
mujeres
espectáculos
días.

JULIO CORTÁZAR

696 *atalanta tuvo los once trastornos de la mujer atalanta fue amamantada por una osa corpulenta atalanta creyó en el horóscopo que predijo que el amor del hombre le restaría hermosura hipómenes con las malas artes de las tres manzanas de oro venció a atalanta en la carrera atalanta e hipómenes se amaron bajo los techos del templo de venus la diosa en castigo los convirtió en leones en león y leona y los condenó a tirar del carro de cibeles por los siglos de los siglos hipómenes y atalanta se amaron con ternura sentimiento que no cabía en los corazones griegos.*

CAMILO JOSÉ CELA. *Oficio de tinieblas 5*

3.2. Signos de entonación

Se utilizan para indicar las inflexiones de voz, tono, etc., que han de hacerse, para que la lectura resulte melodiosa y armónica, al mismo tiempo que expresiva.

Son éstos:

3.2.1. Interrogación

• Se coloca al principio y al final de una frase interrogativa. Si la frase interrogativa no coincide con el comienzo del párrafo, deberá ponerse una coma antes del comienzo de la interrogación:

Todo lo que tienes, ¿de qué te sirve?

3.2.2. Admiración

• Lo dicho acerca de la interrogación es aplicable a la admiración, que se emplea en las frases u oraciones exclamativas:

¿Qué tengo yo que mi amistad procuras?
¿Qué interés se te sigue, Jesús mío,
que a mi puerta, cubierto de rocío,
pasas las noches del invierno oscuras?
¡Oh, cuánto fueron mis entrañas duras,
pues no te abrí! ¡Qué extraño desvarío
si de mi ingratitud el hielo frío
secó las llagas de tus plantas puras!
¡Cuántas veces el ángel me decía!:
«¡Alma, asómate ahora a la ventana,
verás con cuánto amor llamar porfía!»
¡Y cuántas, hermosura soberana:
«Mañana le abriremos», respondía,
para lo mismo responder mañana!

(Lope de Vega)

3.2.3. Paréntesis

Empleamos el paréntesis en los casos siguientes:

• Para encerrar en él una oración incidental explicativa, cuyo significado no tiene mucha conexión con la anterior, por lo que rompe el hilo del discurso:

En la batalla de Lepanto (ya lo hemos dicho en el capítulo III) la cristiandad se impuso al imperio de la media luna.

• También para introducir en él una nota aclaratoria breve o una fecha:

Fernández de Moratín (hijo) escribió «El sí de las niñas».
Miguel de Cervantes (1547-1616) es considerado como el mejor escritor en lengua castellana.

3.3. Otros signos ortográficos

3.3.1. Diéresis

Para que la consonante *g*, ante *e* o *i*, se pronuncie con un sonido velar sonoro ha de intercalarse entre la *g* y dichas vocales una *u* que no suena, que se considera muda.

Cuando queremos que dicha *u* se pronuncie, en las combinaciones *gue*, *gui*, es preciso colocar una diéresis sobre la *ü*:

cigüeña, vergüenza, lingüística, pingüino (véase págs. 62).

En Métrica se llama diéresis a un fenómeno fonético que consiste en pronunciar como si fuesen dos sílabas, una sola sílaba formada por un diptongo. Antiguamente los poetas solían poner los dos puntitos de la diéresis sobre la vocal no acentuada del diptongo en cuestión, para indicar esta anomalía o licencia. Actualmente no suele emplearse en este caso:

¡Qué descansada vida
la del que huye del mundanal rüido...!

(FRAY LUIS DE LEÓN)

La luna en el mar rïela,
en la loma gime el viento...

(JOSÉ ESPRONCEDA)

3.3.2. Comillas

• Se ponen entre comillas las frases o párrafos que son citas textuales:

Como afirma Tomás Navarro Tomás: «Entonación y canto se fundan en realidad en los mismos principios esenciales, con la diferencia de que el canto hace de los elementos melódicos de la voz un uso más destacado y predominante que la palabra hablada»[1].

• Para resaltar una palabra en un escrito pueden utilizarse varios medios. Entre ellos, uno es el de ponerla entre comillas:

Sabido es que el vocablo «pícaro» podemos emplearlo con diversas acepciones.

• Suele también emplearse para remarcar los títulos de obras, cuadros, etcétera:

«El caballero de Olmedo», de Lope de Vega, es una comedia de las más representativas del teatro del Siglo de Oro.

Entre los cuadros que más me han impresionado he de destacar, sin lugar a dudas, «El entierro del conde de Orgaz».

Hoy reponen, en el teatro de la Ópera, «El barbero de Sevilla».

---

[1] Tomás Navarro Tomás. *Manual de entonación española.* Ediciones Guadarrama. Madrid, 1974, 4.ª ed., pág. 17.

3.3.3. Guión

• Se utiliza para separar cada una de las partes en que se divide una palabra, cuando ésta se escribe en dos líneas o renglones, poniéndolo al final de la primera parte.

• También lo usamos cuando en una palabra compuesta queremos escribir por separado cada uno de los componentes:

hispano-americano, vasco-francés

3.3.4. Raya

• Empleamos la raya delante del parlamento que dice cada uno de los interlocutores en una obra dialogada, o para indicar en la narrativa que se ha introducido la forma dialogada:

—¿Qué tienes?
—Nada.
—Entonces, ¿por qué miras con esos ojos?
—Son cosas mías.
—Serán cosas tuyas, pero no me niegues que algo te preocupa.
—Bah, no hagas caso. Es que...
—¿Qué?
[...]
—Pero, ¿quién es este hombre tan extraño? —pregunta Lorenzo a su padre.
—No sé —contesta don Diego—. A veces parece un loco y otras creo que es la persona más inteligente y discreta que he tratado jamás.

• Otras veces se usa la raya en vez del paréntesis:

Fernández de Moratín —hijo— escribió «El sí de las niñas».
El descubrimiento de América —1492— marca un hito importantísimo en la historia de la humanidad.

4

Ortografía de las letras

Uso de las letras mayúsculas

Se escriben con mayúscula:

4.1. La primera palabra

- De un escrito:

Voy a escribir la historia de un hombre pobre en pocas líneas.

- Que va después de punto:

Salieron por la mañana de otro pueblo. Han caminado durante todo el día. El viento sopla frío por la llanura. La religiosa va enferma. A media tarde...

(AZORÍN)

4.2. Todos los nombres propios

4.2.1. Referidos a personas (antropónimos)

- Los prenombres (nombres de pila):

Alberto, Carlos, Federico, Joaquín, Pablo, Telesforo, ...

• Los apellidos (nombres de familia):

Álvarez, Fernández, Pérez, Quirós, Ruiz, Sánchez, ...

• Sobrenombres (calificativos con que se distingue a una persona):

Guzmán, el Bueno; Jaime, el Conquistador; Ruy Díaz, el Campeador; Manuel Benítez, el Cordobés; José Cubero, el Yiyo; Ricardo, Corazón de León, ...

• Apodos (nombre dado a una persona tomado de algún defecto físico u otra circunstancia):

Eugenio Fernández, alias Cartujo; Pedro, el Cojo; doña Ramona, la Chiva; Ubaldo Argés, Cabezabuque; Juanito, el Pelamonas, ...

• Seudónimos (nombres falsos con los que se oculta el verdadero):

Clarín (Leopoldo Alas), Fígaro (Mariano José Larra), Azorín (José Martínez Ruiz), el Curioso Parlante (Ramón Mesonero Romanos), ...

• Los que se refieren a seres personificados (como los mitológicos):

Afrodita, Baco, Ceres, Cibeles, Neptuno, Poseidón, Saturno, Venus, Zeus, ...

4.2.2. Impuestos a animales para distinguirlos de los demás de su especie:

Babieca (caballo del Cid), *Bucéfalo* (caballo de Alejandro Magno), *Rocinante* (caballo de don Quijote), *Chita* (mona de Tarzán), *Platero* (burrillo, creación de Juan Ramón Jiménez), *Islero* (toro que mató a Manolete), *Rintintín* (perro de ficción novelesca), ...

4.2.3. Que distinguen a determinados seres inanimados o cosas de los demás de su especie

• Los topónimos (nombres de lugar):

— Poblaciones:

Madrid, Sevilla, Alcalá, Badajoz, Huelva, Aranjuez, ...

— Regiones o comarcas:

La Rioja, La Mancha, La Bureba, Vizcaya, Andalucía, Cataluña, Galicia, ...

— Naciones y continentes:

España, Francia, Rusia, América, África, ...

— Accidentes geográficos:

Guadalquivir, Miño, Everest, Moncayo, ...

Si van precedidos del sustantivo genérico común, éste se escribe con minúscula:

cabo de Finisterre, estrecho de Gibraltar, ría de Arosa, villa de Madrid, golfo de León, sierra de Gredos, pico de Mulhacén, montes Pirineos, ...

— Astros, planetas, estrellas, etc.:

Osa Mayor, Orión, Urano, Vía Láctea.

4.3. Los sustantivos y adjetivos que forman

- Nombres de instituciones:

Tribunal de Cuentas, Tribunal Constitucional, Real Academia de la Lengua, Senado, Cortes, ...

- Nombres de establecimientos:

Biblioteca Nacional, Museo Arqueológico, Casino de Bellas Artes, Pinacoteca del Prado, ...

- Nombres de corporaciones:

Colegio de Médicos, de Abogados, etc., Organización Nacional de Ciegos de España, Asociación de Antiguos Alumnos, ...

- Títulos de obras:

Rudimentos de Derecho, Tratado de Anatomía, Historia de Polonia, ...

Cuando el adjetivo va pospuesto se escriben con minúscula:

Geografía descriptiva, Arte románico, Patología médica, ...

No se aplica esta regla cuando el título es largo:

Venus saliendo de las aguas, Los fusilamientos de La Moncloa, La increíble y triste historia de la cándida Eréndira y de su abuela desalmada, ...

4.4. Los nombres

• Que expresan atributos divinos:

Padre, Creador, Redentor, Salvador, ...

• Que se le han dado a Cristo o a la Virgen:

Cordero, Pastor, Amado, Virgen del Pilar, Virgen de las Angustias, la Dolorosa, la Inmaculada, la Macarena, ...

• De dignidades y títulos honoríficos:

Sumo Pontífice, Santo Padre, Su Santidad, Su Eminencia, Duque de Medinaceli, Duque de Alba, Marqués de Mudela, Maestre de Calatrava, ...

• Que expresan poder público, dignidad o cargo, mencionados en las leyes, decretos y documentos:

El Rey, el Presidente del Gobierno, el Ministro, el Gobernador, el Rector, el Director, el Secretario, el Alcalde, el Juez de Instrucción, ...

4.5. Los tratamientos

• Especialmente cuando se escriben en abreviatura:

Sr. D.; D.ª; Excmo. Sr.; Srta.

Usted (con todas las letras), en medio de escrito, siempre minúscula.

4.6. Los números romanos

I - V - X - L - C - D - M
1 - 5 - 10 - 50 - 100 - 500 - 1000

4.7. Los pronombres personales y demostrativos referidos a Dios o a la Virgen

Una hija de Santa Ana,
que Ella, Ella lo parió.
¡Huy ho!

JUAN DEL ENCINA

Pídole quiera mirarme,
porque viéndose Él en mí,
el mirar y amarse allí
es mirar por mí y amarme.

JUAN LÓPEZ DE ÚBEDA

¿Y dejas, Pastor santo,
tu grey en este valle hondo, escuro,
con soledad y llanto;
y Tú, rompiendo el puro
aire, te vas al inmortal seguro?

Los antes bien hadados,
y los agora tristes y afligidos,
a tus pechos criados,
de Ti desposeídos,
¿a do convertirán ya sus sentidos?

FRAY LUIS DE LEÓN

Adán en Paraíso, Vos en huerto;
él puesto en honra, Vos en agonía;
él duerme, y vela mal su compañía;
la vuestra duerme, Vos oráis
[despierto.

FRANCISCO DE QUEVEDO

La justicia y la paz hoy se han
[juntado
en Vos, Virgen Santísima, y con
[gusto
el dulce beso de la paz se han dado,
arra y señal del venidero Augusto...

MIGUEL DE CERVANTES

4.8. Los pronombres *nos* y *vos,* empleados con valor mayestático

Habiendo llegado a Nos la triste noticia...

Empléanse estos pronombres por *yo* y *tú*, cuando se trata del Papa, el Emperador, el Rey, ...

OBSERVACIONES:

- Sobre la acentuación de las mayúsculas, véase pág. 19.
- Acerca de *ch* y *ll* mayúsculas, véase pág. 132, nota 2.

SE ESCRIBEN CON

1. Normas fundamentales

1.1. Los tiempos de los verbos cuyo infinitivo termine en:

- **-Aber:** *caber, haber, saber, cabía, hubo, sabrán, ...* EXCEPTO:
- **-Bir:** *cohibir, concebir, describir, escribir, percibir, recibir, subir, cohíban, concebían, describo, escribimos, percibieron, recibirán, subiría, ...* MENOS:
- **-Buir:** *atribuir, contribuir, distribuir, retribuir, atribuyen, contribuyó, distribuyó, distribuiríamos, retribuyesen, ...*

1.2. Todas las formas de los verbos:

- **Beber:** *beberían, bebía, bebiésemos, ...*
- **Deber:** *debo, debiera, deberán, ...*

1.3. Las formas verbales de los siguientes tiempos:

- **Pretérito imperfecto de indicativo:**

— De la primera conjugación:

amaba, jugabas, saltábamos, topabas, tronaba, ...

— Del verbo ***ir*:**

iba, ibas, íbamos, ibais, iban.

1.4. Siempre que a este sonido siga otro consonante:

abnegación, abrigo, absuelto, brillo, bruto, cronómetro, loable, mueble, obsceno, obvio, ...

1.5. Los pocos vocablos que llevan este sonido al final:

Jacob, Job, nabab, rob.

SE ESCRIBEN CON

→ **precaver**

→ **hervir, servir, vivir** y los compuestos de los mismos: **convivir, rehervir, revivir, sobrevivir, ...**

→ **1.3.** Las formas verbales de los siguientes tiempos:

- **Presentes de indicativo, subjuntivo e imperativo del verbo IR:**

  voy, vamos, vayan, ve, vayamos, ...

- **Pretérito indefinido, pretérito imperfecto de subjuntivo y futuro imperfecto de subjuntivo de los verbos que no tienen *B* ni *V* en el infinitivo, pero sí llevan este sonido en dichos tiempos:**

  — andar: *anduvo, anduviesen, anduviéremos, ...*
  — estar: *estuvimos, estuvieses, estuvieren, ...*
  — tener: *tuve, tuviéramos, tuviere, ...*

Esta regla se aplica también a los compuestos de dichos verbos:

desandar *(desanduvimos)*, detener *(detuvo)*, obtener *(obtuvieran)*, retener *(retuviese)*, sostener *(sostuvieron)*, etc.

→ Nunca puede ir V { — delante de otra consonante / — al final de sílaba o palabra }

B

1.6. Las palabras que comienzan por:

- **Bi-**, **Bis-**, **Biz-**: prefijos que significan «dos», «dos veces», «duplicidad»: *bicicleta, bígamo, bimotor, bípedo, ... bisabuelo, bisar, ... bizcocho, biznieto, ...*
- **Bene-**, **Bien-**: significan «bien»: *benefactor, benemérita, beneplácito, ... bienhechor, bienquisto, bienvenido, ...*
- **Bibl-**: «bibli-», raíz del griego «biblion», «libro»: *Biblia, bibliófilo, bibliografía, bibliología, bibliomanía, biblioteca, biblioteconomía, ...*
- **Bu-:** *bucear, bueno, búfalo, bufido, búho, bujía, bula, bulla, buzo, ...*
- **Bur-:** *burbuja, burdel, burdo, burgués, burla, burladero, burlete, bursátil, ...*
- **Bus-:** *buscapié, buscar, buscón, búsqueda, busto, ...*
- **Sub-**: prefijo latino que significa «bajo», «debajo», «inferioridad», «acción secundaria», «que viene detrás o es posterior»: *subalterno, subarriendo, subconjunto, subconsciente, subcutáneo, subdelegado, subestimar, submarino, subnormal, subordinado, subrayar, subsanar, subsecretario, subteniente, subyugar, ...*

1.7. Los vocablos acabados en:

- **-Bundo/a:** *meditabundo, moribundo, nauseabundo, pudibundo, tremebundo*
- **-Bilidad:** *amabilidad, flexibilidad, habilidad, penetrabilidad, posibilidad, sensibilidad, ...*

EXCEPTO:

víbora

1.8. Etimológicamente, muchas palabras que:

- En latín se escribían con *B*, la han conservado en castellano:

  *b*onu(m) > *b*ueno, *b*ucca(m) > *b*oca, ca*b*allu(m) > ca*b*allo, de*b*ere > de*b*er, de*b*ile(m) > dé*b*il, li*b*ertate(m) > li*b*ertad, ...

- En latín la consonante bilabial sorda *P*, en posición intervocálica, al pasar al castellano se convirtió, en la mayoría de los casos, en su correspondiente bilabial sonora *B*:

  a*p*icula(m) > a*b*eja, ca*p*itia(m) > ca*b*eza, lu*p*u(m) > lo*b*o, pau*p*ere(m) > po*b*re, ri*p*aria(m) > ri*b*era, sa*p*ere > sa*b*er, ...

→ **1.6.** Las palabras que comienzan por:

- **Ad-:** *advenedizo, adventismo, adverbio, adversario, adversidad, adviento, advocación, ...*

- **Vice-:** del latín «vice». Usado como prefijo designa un cargo inmediatamente inferior o que sustituye al primero: *vicealmirante, vicecónsul, vicepresidente, vicerrector, vicesecretario, vicetesorero, viceversa (=al contrario, al revés)*

- **Villa-:** *villancico, villanía, villano, Villacañas, Villanueva, ...*
- **Villar-:** *Villarcayo, Villardonpardo, Villarejo, ...*

→ **1.7.** Los vocablos acabados en:

- **-ava, -ave, -avo:** *octava, grave, esclavo, suave, doceavo, ...*
- **eva, -eve, -evo:** *nueva, leve, longevo, medioevo, ...*
- **-iva, -ivo:** *activa, decisiva, incisivo, nocivo, ...*

→ **civilidad**
y
→ **movilidad**

- **-viro/a:** *decénviro, triúnviro, Elvira, Tavira, ...*
- **-ívoro/a** (sufijo que significa «lo que come»): *carnívoro, frugívoro, herbívoro, insectívoro, ...*

→ EXCEPTO: No es aplicable, por no ser sufijo *-ívora*, sino etimología, del latín «víbera» (norma 1.8).

B

2. Otras normas

2.1. Detrás de las sílabas siguientes, cuando van en posición inicial de palabra:

EXCEPCIONES:

- **Al-:**

alba, albacea, albahaca, albañal, albañil, albarda, albaricoque, albayalde, albedrío, alberca, albergar, albino, alborada, albóndiga, albornoz, alborotar, albufera, álbum, albúmina, albur, ...

Álvaro, alveolo, alverja

- **Ca-:**

cabal, cábala, cabalgar, caballo, caballón, cabaña, cabañuelas, cabaret, cabello, caber, cabestro, cabeza, cabildo, cabina, cable, cabo, cabra, ...

cava, cavar, cavatina, caverna, caviar, cavidad

- **Car-:**

carbón, carbonato, carbonizar, carbono, carburador, carburar, carburo, ...

carvallo, carvalledo

- **Ce-:**

cebar, cebo, cebolla, cebollino, cebón, cebra, cebú, ...

- **Cu-:**

cuba, cubeta, cubicar, cúbico, cubículo, cubierta, cubil, cubilete, cubismo, cubista, cúbito, cubo, cubrir, ...

- **Gar-:**

garbanzo, garbear, garbeo, garbo, garboso, ...

- **Gu-:**

gubernamental, gubernativo, gubia, ...

- **Ha-:**

haba, habanera, habano, habar, haber, habichuela, hábil, habilidad, habilitar, habitar, habituar, hablar, habón, ...

- **He-:**

hebilla, hebra, hebraico, hebreo, ...

- **Hi-:**

hibernación, hibernar, híbrido, ...

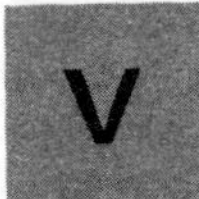

2.1. Detrás de las sílabas siguientes, cuando van en posición inicial de palabra:

EXCEPCIONES:

- **Cal-:**

calva, calvario, calvero, calvicie, calvinismo, ...

- **Cla-:**

clavar, clavecín, clavel, clavellina, clavetear, clavicémbalo, clavicordio, clavícula, clavija, clavo, ...

- **Con-:**

convalecencia, convalidar, convección, convencer, conveniencia, convenir, convenio, converger, conversación, conversar, conversión, convertir, convexo, convicción, convidar, convite, convivir, convocar, convocatoria, convoy, convulsión, ...

- **Cur-:**

curva, curvar, curvatura, curvilíneo, curvo, ...

- **De-:**

devaluar, devanar, devaneo, devastar, devengar, devenir, devoción, devolver, devorar, devoto, ...

Excepciones: **debacle, debajo, debatir, deber, débito, débil, debilitar, debut, debutar**

- **Di-:**

divagar, diván, divergir, diversidad, diversificación, diversificar, diversión, divertir, dividendo, dividir, divieso, divino, divisa, divisar, divisible, divismo, divino, divorcio, divulgar, ...

Excepciones: **dibujante, dibujar, dibujo**

- **En-:**

envainar, envalentonar, envanecer, envarar, envasar, envase, envejecer, envenenar, envergadura, envés, enviar, enviciar, envidar, envidia, envido, envite, enviudar, envoltorio, envolver, ...

- **Fa-:**

favor, favorable, favorecer, favoritismo, favorito, ...

Excepciones: **fabada, fábula**

B

EXCEPCIONES:

- **La-:**

lábaro, laberinto, labia, labio, labor, laborar, laboratorio, laborista, labrador, labrar, labriego, ...

lava, lavar, lavabo, lavandería, lavativa

- **Lo-:**

lobanillo, lobezno, lobo, lóbulo, lóbrego, ...

- **Nu-:**

nubarrón, nube, núbil, nublar, nubosidad, ...

- **Ra-:**

rabadán, rabadilla, rábano, rabel, rabí, rabínico, rabia, rabieta, rábida, rabo, ...

ravioles o **ravioli** (guiso italiano)

- **Ri-:**

ribazo, ribera, ribete, ...

rival

- **Ro-:**

róbalo, robar, roble, robledal, robusto, ...

- **Ru-:**

rubéola, rubí, rubiales, rubicundo, rubio, rubor, rúbrica, rublo, ...

- **Sa-:**

sábado, sábana, sabandija, sabañón, sabatina, saber, sabiduría, sabio, sabor, sable, sabotear, sabueso, ...

savia (de las plantas)

- **Si-:**

sibarita, siberiano, sibila, sibilino, sibilante, ...

- **So-:**

sobaco, sobajar, sobaquera, sobaquillo, sobar, soberanía, soberbio, sobón, sobornar, ...

soviet, soviético, sovoz

- **Su-:**

subir, súbito, ...

- **Ta-:**

taba, tabaco, tabanco, tábano, tabardillo, tabardo, tabarra, taberna, tabernáculo, tabicar, tabique, tabú, tabuco, tabular, taburete, ...

- **Ti-:**

tibetano, tibia, tibieza, tibio, tiburón, ...

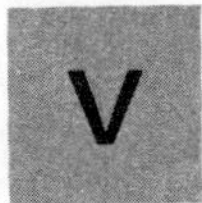

	EXCEPCIONES:
• **Le-:**	
levadizo, levadura, levantamiento, levantar, levante, levantino, levantisco, levar, leve, levita, levitación, levítico,...	
• **Lle-:**	
llevar, llevadero,...	
• **Llo-:**	
llover, llovizna,...	
• **Llu-:**	
llueca, lluvia,...	
• **Mal-:**	
malva, malváceo, malvado, malvarrosa, malvasía, malvavisco, malvender, malversar,...	**malbaratar**
• **Mo-:**	
mover, móvil, movilizar, movimiento,...	**mobiliario**
• **Na-:**	
nava, navaja, naval, navazo, nave, navegación, navegar, naveta, navidad, naviero, navío,...	**naba, nabab, nabar, nabiza, nabla, nabo**
• **Ne-:**	
nevar, nevera, nevero, nevisca, neviza,...	**nebuloso**
• **Ni-:**	
nivel, nivelar, níveo,...	
• **No-:**	
novatada, novato, novecientos, novedad, novel, novela, novenario, noveno, noventa, noviazgo, noviciado, novicio, noviembre, novilunio, novillada, novillo, novio, novísimo,...	**nobiliario** **nobilísimo**
• **Pa-:**	
pavada, pavana, pavero, pavés, pavesa, pávido, pavimentar, pavimento, pavo, pavonar, pavonear, pavor,...	**pabellón, pabilo, pábulo**
• **Par-:**	
parva, parvedad, parvo, párvulo,...	

	EXCEPCIONES:
• **Tra-:** *traba, trabajar, trabalenguas, trabar, trabazón, trabilla, trabucar, trabuco,...*	**través, travesaño, travesía, travestí, travesura, traviesa, travieso**
• **Tri-:** *tribu, tribulación, tribuna, tribunal, tribuno, tributar, tributo,...*	**trivial, trivio**
• **Tu-:** *tuba, tuberculina, tubérculo, tuberculosis, tubería, tuberoso, tubo,...*	
• **Tur-:** *turba, turbamulta, turbante, turbar, turbina, turbio, turbión, turbulencia, turbulento,...*	
• **Ur-:** *urbanidad, urbanismo, urbanizar, urbano, urbe,...*	
• **Ver-:** *verbal, verbena, verbigracia, verbo, verborrea, verbosidad,...*	

3. Palabras homófonas

	SIGNIFICADO	EJEMPLOS
Baca:	Sitio para los equipajes en el techo de algunos vehículos.	*Poned las maletas en la baca.*
Bacante:	Sacerdotisa del dios Baco.	*Las bacantes ofrecían el sacrificio.*
Bacía:	Vasija utilizada antiguamente por los barberos.	*Don Quijote creyó ser el yelmo de Mambrino, lo que era una simple bacía de barbero.*
Bacilo:	Microbio de tipo bacteriano.	*La tuberculosis se transmite por el bacilo de Koch.*
Bah:	Interjección que expresa indiferencia o menosprecio.	*¡Bah! Yo creía que era otra cosa.*

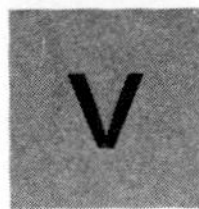

	EXCEPCIONES:
• **Per-:**	
perversión, pervertir, pervivencia, pervivir, ...	**perborato**
• **Pre-:**	
prevalecer, prevaler, prevaricar, prevención, prevenir, prever, previo, previsión, ...	**prebenda, preboste**
• **Pro-:**	
provecto, provecho, proveer, provenir, provenzal, proverbial, proverbio, providencia, providente, provincia, provisión, provisional, provisor, provocador, provocar, provocativo, ...	**probable, probador, probar, probeta, probidad, probo, proboscidio**
• **Sal-:**	
salvado, salvaguardia, salvaje, salvajismo, salvar, salve, salvedad, salvia, salvoconducto, ...	

3. Palabras homófonas

	SIGNIFICADO	EJEMPLOS
Vaca:	Hembra del toro.	*Ordeñaron la vaca. Leche de vaca.*
Vacante:	Lugar o plaza no ocupado.	*Anuncian tres vacantes en las oposiciones.*
Vacía:	Sin contenido. Lo contrario de llena.	*La copa estaba vacía.*
Vacilo:	Primera persona del singular del presente indicativo de «vacilar».	*Nunca vacilo cuando he de tomar una decisión de este tipo.*
Va:	Tercera persona de singular del presente de indicativo de «ir».	*¡Qué graciosa va la niña con esos andares!.*

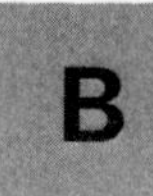

	SIGNIFICADO	EJEMPLOS
Bale:	Tercera persona del singular del presente de subjuntivo de «balar».	*Quizás bale el ganado por la proximidad de los zorros.*
Balido:	Voz de las ovejas o los ciervos.	*Oíase el balido desde muy lejos.*
Balón:	Especie de pelota grande.	*Introdujo el balón en el fondo de la portería.*
Baqueta:	Varilla para limpiar o atacar el cañón de las armas.	*Limpia bien el fusil con la baqueta.*
Baria:	Unidad de presión equivalente a una dina por centímetro cuadrado.	*Soportaba una presión de veinte barias.*
Bario:	Nombre de un metal.	*Este compuesto lleva sales de bario.*
Barita:	Compuesto químico de bario.	*La barita o espato pesado es un sulfato de bario.*
Barón:	Título nobiliario.	*El barón de Torquemada.*
Basar:	Poner una base. Fundamentar.	*La justicia se ha de basar en hechos ciertos y probados.*
Basca:	Deseo de vomitar. Furia. Ímpetu.	*Le dio una basca y no dejó un plato sano.*
Basto:	Primera persona singular del presente indicativo de «bastar». Grosero, vulgar, ordinario. Palo de la baraja.	*Para realizar este trabajo, me basto yo sólo. Este tejido resulta muy basto. Las cuarenta en bastos.*
Bate:	Tercera persona singular del presente indicativo de «batir». Palo empleado para el juego del beisbol.	*Bate un par de huevos para la tortilla. Rompieron la luna del escaparate a golpes de bate.*
Baya:	Clase de fruto. Femenino de «bayo», caballo de color blanco amarillento. Burla, mofa (arcaísmo).	*El tomate es un fruto en baya. Cabalga en su yegua baya. Los estudiantes dieron baya a Pablos.*
Bello:	Que posee belleza.	*¡Qué bello es este valle!*

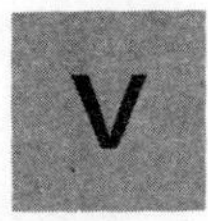

	SIGNIFICADO	EJEMPLOS
Vale:	Tercera persona de singular del presente de indicativo de «valer». Bono, entrada.	*Esto no vale nada. El niño se vale ya por sí solo. Tengo tres vales para la rifa del reloj.*
Valido:	Favorito o privado del monarca.	*Felipe IV dejó el gobierno en manos de sus validos.*
Valón:	Perteneciente al grupo racial céltico del sur de Bélgica.	*El pueblo valón es francófono.*
Vaqueta:	Piel de ternera.	*Tengo unos guantes de vaqueta.*
Varia:	Diversa. Diferente. Algunos, unos cuantos.	*Varia gente concurrió al acto. Dispongo de varias armas.*
Vario:	Diverso.	*Vengan provistos de material vario.*
Varita:	Vara delgada.	*El prestidigitador tocó la jaula con su varita mágica.*
Varón:	Hombre.	*Colonia para varón.*
Vasar:	Anaquel o repisa para poner platos, vasos, etc.	*El almirez está sobre el primer vasar de la alacena.*
Vasca:	De Vascongadas.	*La lengua vasca es antiquísima.*
Vasto:	Extenso, amplio.	*El Sáhara es un vasto desierto.*
Vate:	Poeta. Adivino.	*Garcilaso es mi vate preferido.*
Vaya:	Primera y tercera personas singular del presente subjuntivo de «ir».	*Posiblemente vaya este verano de vacaciones a Grecia.*
Vello:	Pelo del cuerpo.	*Se depiló el vello de las axilas.*

	SIGNIFICADO	EJEMPLOS
Ben:	Palabra árabe (=hijo de).	*Mohamed ben Yusuf ben Abdalá.*
Berja:	Ciudad de la provincia de Almería.	*Somos naturales de Berja.*
Bienes:	Posesiones, riquezas.	*Reparte todos tus bienes entre los pobres y sígueme.*
Bobina:	Carrete de hilo o alambre.	*Dame la bobina de hilvanar.*
Bota:	Odre de vino. Calzado.	*Empina la bota y bebe. Tengo dos pares de botas.*
Botar:	Echar al agua un barco. Saltar.	*En Vigo se va a botar un torpedero. La pelota comenzó a botar en el suelo.*
Bote:	Recipiente cilíndrico. Salto. Embarcación. Completamente lleno.	*Compra un bote de alcachofas. Dio un bote de alegría. Subió al bote salvavidas. La discoteca estaba de bote en bote.*
Boto:	Bota alta.	*Se calzó los botos para montar a caballo.*

Cabe:	Tercera persona singular del presente indicativo de «caber». Preposición (=junto a).	*No cabe nadie más en el recinto. Acostumbraba a poner cabe sí un jarrillo de vino.*
Cabila:	Tribu de beduínos berébercs.	*Una cabila de marroquíes se alzó en armas.*
Cabo:	Extremo de las cosas. Lengua de tierra que penetra en el mar. Clases de tropa. Hilo. Cuerda, Trozo de vela.	*Estamos al cabo de la calle. El faro se levantaba airoso en el cabo de Peñas. Llame usted al cabo de guardia. Encera el cabo para coser el zapato. Se alumbraba con un cabo de vela.*
Corbeta:	Barco de guerra ligero.	*Los pesqueros fueron abordados por una corbeta.*

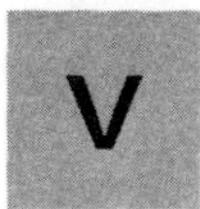

	SIGNIFICADO	EJEMPLOS
Ven:	Imperativo de «venir».	*Ven pronto esta noche.*
Verja:	Enrejado para puertas, ventanas, cercas, etc.	*Los ladrones arrancaron la verja del jardín.*
Vienes:	Segunda persona singular del presente indicativo de «venir».	*¿Vienes o te quedas?*
Bovina:	Relativo al ganado vacuno.	*En Suiza abunda la raza bovina.*
Vota:	Presente de indicativo e imperativo de «votar».	*Vota a tu candidato preferido.*
Votar:	Emitir el voto.	*Voy a votar en las próximas elecciones.*
Vote:	Primera y tercera personas del singular del presente de subjuntivo de «votar».	*El que no vote, que no se queje luego si los resultados le son adversos.*
Voto:	Dictamen. Opinión. Promesa religiosa. Maldición. Primera persona del singular del presente de indicativo de «votar».	*Las monjas hacen voto de pobreza. ¡Voto a Dios! No voto al candidato.*
Cave:	Primera y tercera personas del singular del presente de subjuntivo de «cavar».	*Díle al hortelano que cave el huerto.*
Cavila:	Presente de imperativo e indicativo de «cavilar».	*Cavila mucho antes de tomar una decisión.*
Cavo:	Primera persona singular del presente indicativo de «cavar».	*Cavo el jardín del chalé los fines de semana.*
Corveta:	Determinado salto del caballo.	*Salió el caballo dando corvetas.*

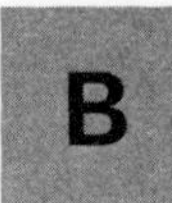

	SIGNIFICADO	EJEMPLOS
Embero:	Madera y árbol del mismo nombre, propio de África ecuatorial.	*La mesa de mi despacho es de embero.*
Grabar:	Labrar una superficie de piedra, madera, piel, etc. Registrar los sonidos por medio de un disco o cinta magnetofónica.	*Grabaron su nombre en una lápida. Acabó de grabar un disco.*
Hierba:	Planta pequeña.	*Al ganado le gusta la hierba fresca.*
Nabal:	De nabo.	*Las verduleras entablaron una batalla nabal contra el pobre Pablos y sus compañeros.*
Nobel:	Apellido del inventor sueco que instituyó los premios que llevan esta denominación.	*El poeta Juan Ramón Jiménez obtuvo el Nobel de Literatura el año 1956.*
Rebelar:	Levantarse en contra, sublevarse.	*Las fuerzas armadas se rebelaron contra el poder legalmente constituido.*
Recabar:	Pedir, reclamar.	*El juez va a recabar pruebas concretas.*
Sabia:	Que posee sabiduría.	*Madame Curie fue una sabia eminente.*
Tubo:	Cilindro hueco.	*Se ha obstruido el tubo de desagüe del fregadero.*

SE ESCRIBEN INDISTINTAMENTE

Baída: Bóveda formada de un hemisferio cortado por cuatro planos verticales, y cada dos de ellos paralelos entre sí.

Bargueño: Mueble de madera con muchos cajoncitos y gavetas, al estilo de los que se construían en Bargas (Toledo), de donde toma el nombre.

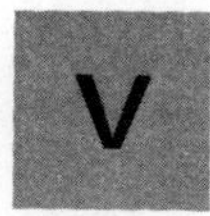

	SIGNIFICADO	EJEMPLOS
Envero:	Color que toman las uvas y otras frutas cuando empiezan a madurar. Uva que tiene ese color.	*Las uvas tienen color de envero en septiembre.*
Gravar:	Imponer un gravamen.	*Las facturas deberán gravarse con el IVA.*
Hierva:	Presente de subjuntivo de «hervir».	*Déjese la salsa que hierva diez minutos.*
Naval:	Relativo a las naves o a la navegación.	*La batalla de Lepanto supuso la mayor gloria naval para España.*
Novel:	Nuevo. Sin experiencia.	*Se convoca un premio para poetas noveles.*
Revelar:	Dar a conocer algo oculto.	*El espía tuvo que revelar el secreto. Tengo que revelar un carrete de fotografías.*
Recavar:	Volver a cavar.	*Voy a recavar el huerto nuevamente para quitar las malas hierbas.*
Savia:	Jugo de las plantas.	*En primavera se remueve la savia de los árboles.*
Tuvo:	Tercera persona del singular del pretérito indefinido de «tener».	*El que tuvo y retuvo, siempre tendrá.*

Vaída

Vargueño

Aunque la R.A.E. no dicta ninguna regla sobre el uso de la *d*, ya que no entraña dificultades, es conveniente, para evitar errores en la escritura, tener en cuenta:

1. Algunas normas

1.1. Se escribe *d* como fin de sílaba en las palabras que llevan el prefijo **Ad-:**

adaptar	*adjudicar*	*adquirir*	*adversario*
adefesio	*adjuntar*	*adsorber*	*adversativo*
ademán	*adjunto*	*aducir*	*adversidad*
adherir	*adminículo*	*adulterar*	*advertir*
adhesión	*administrar*	*advenedizo*	*adyacente*
adhesivo	*admirar*	*advenir*	*coadyuvar*
adjetivo	*admitir*	*adverbio*	*readmitir*

1.2. Acaba en *d* la segunda persona del plural del imperativo en todos los verbos:

abolid	*elegid*	*haced*	*predecid*
acoged	*estad*	*id*	*sabed*
averiguad	*habed*	*pedid*	*sed*

1.3. Gran número de palabras castellanas, procedentes de la tercera declinación latina, cuyo acusativo singular acababa en *-tate(m)*, *-tudine(m)*, etc., se escriben con *d* final. Las recordaremos mejor agrupándolas según su terminación:

- **-bilidad:**

amabilidad	*divisibilidad*	*impenetrabilidad*	*rentabilidad*
conductibilidad	*flexibilidad*	*imposibilidad*	*respetabilidad*
contabilidad	*gobernabilidad*	*inteligibilidad*	*responsabilidad*
culpabilidad	*honorabilidad*	*probabilidad*	*viabilidad*

- **-edad:**

antigüedad	*falsedad*	*novedad*	*seriedad*
arbitrariedad	*gravedad*	*parvedad*	*terquedad*
brevedad	*heredad*	*sociedad*	*torpedad*
edad	*necedad*	*salvedad*	*zafiedad*

• **-idad:**

actividad	*frivolidad*	*idoneidad*	*severidad*
actualidad	*futilidad*	*jovialidad*	*sutilidad*
cavidad	*generosidad*	*legitimidad*	*tranquilidad*
cautividad	*genialidad*	*longevidad*	*universidad*
celebridad	*heroicidad*	*monstruosidad*	*urbanidad*
concavidad	*heterogeneidad*	*obesidad*	*veleidad*
diversidad	*hilaridad*	*perpetuidad*	*velocidad*
efectividad	*honestidad*	*perversidad*	*veracidad*
estabilidad	*hospitalidad*	*probidad*	*viscosidad*
festividad	*hostilidad*	*proximidad*	*vivacidad*
fragilidad	*humanidad*	*religiosidad*	*vulgaridad*

• **-tud:**

acritud	*excelsitud*	*longitud*	*senectud*
actitud	*gratitud*	*magnitud*	*similitud*
aptitud	*juventud*	*quietud*	*solicitud*
beatitud	*lentitud*	*rectitud*	*vicisitud*

• **Otras terminaciones** (citamos solamente algunas de las palabras más usuales):

abad	*hermandad*	*maldad*	*salud*
beldad	*huésped*	*merced*	*usted*
bondad	*humildad*	*mortandad*	*verdad*
césped	*Madrid*	*piedad*	*vid*
ciudad	*majestad*	*quid*	*voluntad*

1.4. Algunas palabras tomadas de otros idiomas:

adalid (del árabe), *alud* (vascuence), *ardid* (¿catalán?), *caíd* (árabe), *lord* (inglés), *talud* (¿francés?), *talmud* (hebreo)

OBSERVACIÓN:

Las dudas acerca del uso de la *d* final surgen, sobre todo, porque al ser su pronunciación fricativa, relajada, suele perderse de hecho.

Por otra parte, en algunas regiones, se pronuncia como *z* y en otras, aunque menos, como *t*.

Así, se oye:

bondad - bondá - bondaz y *bondat*
merced - mercé - mercez y *mercet*

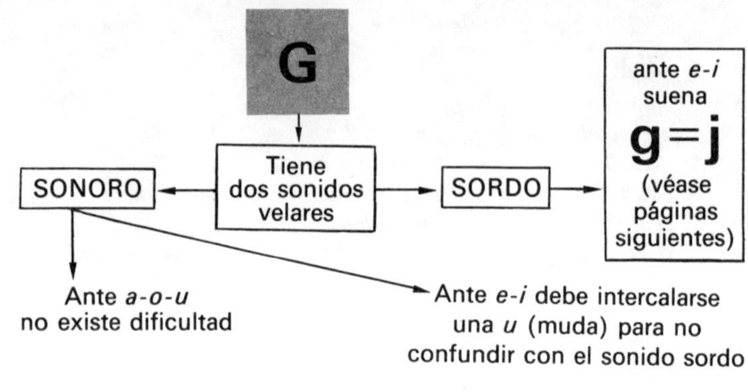

Ga	Go	Gu	Gue	Gui
ágata	*agobio*	*agua*	*Águeda*	*aguijón*
bogar	*agonía*	*Agustín*	*aguerrir*	*águila*
cegato	*agorero*	*angustia*	*apague*	*aguinaldo*
fuga	*borrego*	*augurio*	*borreguero*	*distinguir*
gabinete	*ciego*	*bigudí*	*bullanguero*	*erguir*
gaita	*dogo*	*degustación*	*ceguera*	*esguince*
galería	*egoísta*	*disgustar*	*daguerrotipo*	*guía*
Gálvez	*gobierno*	*fragua*	*embrague*	*guillotina*
gallo	*godo*	*Guadalajara*	*foguear*	*guindilla*
ganar	*golpe*	*guadaña*	*garguero*	*guindo*
garantía	*goma*	*gubernativo*	*gorguera*	*Guinea*
garganta	*góndola*	*gubia*	*guepardo*	*guiñapo*
gárgaras	*Góngora*	*gula*	*gueto*	*guiño*
gastar	*gordo*	*Gutiérrez*	*higuera*	*guión*
gaviota	*gorrón*	*gutural*	*hoguera*	*Guipúzcoa*
gaznate	*gotera*	*Guzmán*	*hormiguero*	*guirigay*
haga	*gótico*	*ligur*	*juguete*	*guisar*
hígado	*Goya*	*magullar*	*ligue*	*guita*
liga	*gozo*	*pregunta*	*liguero*	*guitarra*
llegar	*lego*	*riguroso*	*llegue*	*hormiguillo*
miga	*migón*	*seguridad*	*madriguera*	*jeringuilla*
murga	*musgo*	*tregua*	*Moguer*	*manguito*
pagano	*pagoda*	*tugurio*	*noguera*	*miguilla*
pagar	*pegote*	*vaguada*	*ombliguero*	*monaguillo*
rogativa	*rugoso*	*yegua*	*roguemos*	*sanguijuela*
sagaz	*Segovia*	*yogurtera*	*segueta*	*sanguinario*
soga	*tragón*	*yugular*	*sigue*	*sanguíneo*
tagalo	*trigonometría*	*zaguán*	*trague*	*seguidilla*
venganza	*vago*	*zanguango*	*trigueño*	*siguiente*
yoga	*yugo*	*zigurat*	*zaguero*	*vaguido*

OBSERVACIONES:

• En las palabras en las que la *u*, ante *e-i*, deba pronunciarse, hay que colocar sobre dicha vocal una diéresis (*ü*):

agüero	*desagüe*	*güito*	*pedigüeño*	*santigüe*
agüista	*exangüe*	*halagüeño*	*pingüe*	*sinvergüenza*
argüir	*fragüe*	*lengüeta*	*piragüismo*	*ungüento*
bilingüe	*güelfo*	*lingüística*	*plurilingüe*	*vergüenza*
cigüeña	*güisqui*	*paragüero*	*regüeldo*	*zaragüelles*

• Los verbos cuyo infinitivo acaba en **-gar,** para conservar el sonido velar sonoro en todos los tiempos, intercalan la *u* en los tiempos y personas en los que la desinencia comienza por *e*, que son los siguientes:

Verbo navegar		
Pretérito indefinido o perfecto simple	Presente de subjuntivo	Imperativo
naveg-u-é	***naveg-u-e***	—
naveg-aste	***naveg-u-es***	*naveg-a*
naveg-ó	***naveg-u-e***	***naveg-u-e***
naveg-amos	***naveg-u-emos***	***naveg-u-emos***
naveg-asteis	***naveg-u-éis***	*naveg-ad*
naveg-aron	***naveg-u-en***	***naveg-u-en***

Esto puede considerarse, por tanto, como una aparente irregularidad, ya que afecta sólo a la escritura y no a la pronunciación.

Los más usados de estos verbos son:

abogar	*cargar*	*disgregar*	*juzgar*	*purgar*
abrigar	*castigar*	*divagar*	*ligar*	*recargar*
agregar	*cegar*	*doblegar*	*litigar*	*regar*
amagar	*comulgar*	*embargar*	*llegar*	*rehogar*
amargar	*delegar*	*empalagar*	*navegar*	*rogar*
anegar	*desahogar*	*encargar*	*pagar*	*segar*
apegar	*descabalgar*	*enjuagar*	*pegar*	*segregar*
arriesgar	*descargar*	*enjugar*	*plagar*	*subrogar*
atragantar	*descolgar*	*entregar*	*plegar*	*tragar*
bregar	*desfogar*	*fisgar*	*prolongar*	*trasegar*
cabalgar	*despegar*	*hurgar*	*propagar*	*vagar*
cagar	*desperdigar*	*jugar*	*prorrogar*	*vengar*

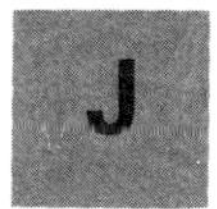

Sonido velar sordo

• Para transcribir gráficamente este sonido, emplearemos *j* siempre ante *a-o-u*:

jabalí, jabón, jarro, caja, lija, mojar, soja, tajada, ...
joroba, joya, bajo, lujo, majo, tajo, trabajo, ...
jubilar, jubón, jueves, quejumbroso, rejuvenecer, sojuzgar, ...

G ← Sonido velar sordo delante de *e-i,* escribiremos

1. Normas fundamentales

1.1. Los infinitivos, y todas las formas que lleven este sonido ante *e-i,* de los verbos terminados en:

- **-Ger:**

  acoger, coger, escoger, proteger, recoger, ...

- **-Gir:**

  afligir, compungir, corregir, dirigir, elegir, fingir, infligir, infringir, mugir, regir, sumergir, surgir, transigir, ...

- **-Igerar:**

  aligerar, beligerar, morigerar, refrigerar, ...

MENOS:

EXCEPTO:

1.4. Las palabras que comienzan o terminan en **-geo-** (de la raíz griega «ge», «tierra»):

- **Geo-:**

  geocentro, geodesia, geofísica, geografía, geología, geometría, geórgica, geotérmico, geotropismo, ...

- **-Geo:**

  apogeo, hipogeo, perigeo, ...

1.5. Las voces que acaban en:

- **-Gen:**

  aborigen, imagen, margen, origen, virgen, ...

- **-Gélico:**

  angélico, arcangélico, evangélico, ...

- **-Genario:**

  octogenario, sexagenario, ...

- **-Géneo:**

  heterogéneo, homogéneo, ...

- **-Génico:**

  fotogénico, orogénico, ...

- **-Genio:**

  Eugenio, ingenio, ...

cónyuge, esfinge, falange, faringe, Jorge, laringe, paragoge

J

1.2. Los verbos acabados en:

- **-Jear:**

canjear, cerrajear, chantajear, flojear, granjear, granujear, homenajear, pajear, trajear, ...

→ **tejer**

→ **crujir**

1.3. El pretérito indefinido (o perfecto simple), el pretérito y futuro imperfectos de subjuntivo de los verbos irregulares que no llevan este sonido en el infinitivo y sí lo tienen en los tiempos citados:

aducir: *aduje, adujeses, adujeren, ...*
bendecir: *bendijo, bendijéramos, ...*
conducir: *condujeron, condujesen, ...*
decir: *dijo, dijéramos, dijere, ...*
producir: *produjimos, produjese, ...*
traducir: *tradujiste, tradujéramos, ...*

→

1.5. Las voces que acaban en:

- **-Je:**

abencerraje, abordaje, boscaje, brebaje, canje, carruaje, coraje, dije, embalaje, equipaje, espionaje, fleje, gaje, garaje, hereje, homenaje, linaje, maridaje, monje, paisaje, paje, paraje, potaje, salvaje, tejemaneje, traje, ultraje, viraje, ...

— EXCEPTO:

- **-Jería:**

cerrajería, relojería, ...

G

- **-Génito:**

  congénito, primogénito, ...
- **-Geno:**

  cancerígeno, hidrógeno, lacrimógeno, patógeno, ...
- **-Gesimal:**

  cuadragesimal, sexagesimal, ...
- **-Gésimo:**

  quincuagésimo, vigésimo, ...
- **-Gético:**

  apologético, cinegético, energético, ...
- **-Giénico:**

  higiénico, ...
- **-Ginal:**

  marginal, original, vaginal, virginal, ...
- **-Gíneo:**

  virgíneo, ...
- **-Ginoso:**

  caliginoso, cartilaginoso, ferruginoso, ...
- **-Gismo:**

  neologismo, silogismo, ... EXCEPTO: ———
- **-Gia:**

  demagogia, estrategia, liturgia, magia, regia, ...
- **-Gio:**

  contagio, frigio, florilegio, litigio, presagio, privilegio, sufragio, ...
- **-Gión:**

  legión, región, religión, ...
- **-Gional:**

  regional, ...
- **-Gionario:**

  correligionario, legionario, ...
- **-Gioso:**

  contagioso, prodigioso, religioso, ...

1.6. Los derivados de voces en los que aparece la *J* con las vocales *A-O*:

caja: *cajetín, cajilla,* ...
cojo: *cojear, cojitranco,* ...
flojo: *flojera, flojito,* ...
hoja: *hojear, hojita,* ...
ojo: *ojear, ojizarco,* ...
paja: *pajear, pajizo,* ...
rojo: *enrojecer, rojizo,* ...
viejo: *vejez, vejestorio,* ...

→ **salvajismo** (derivado de *salvaje*) y **espejismo** (de *espejo*)

G

- **-Gírico:**

  panegírico, ...
- **-Ogía:**

  antropología, biología, filología, fisiología, fitología, patología, ...
- **-Ógico:**

  ontológico, patológico, genealógico, ...

EXCEPTO:
- **-Ígena:**

  indígena, ...
- **-Ígero:**

  flamígero, ...

1.7. Por razones etimológicas:

- **Las que tenían *g* en su origen latino:**

gelatina (gelatus)	*gesta (gesta)*
gemir (gemere)	*gimnasia (gymnasia)*
género (genus, generis)	*gemelo (gemellus)*
gerente (gerens, gerentis)	*generar (generare)*
gigante (gigas, gigantis)	*gente (gens, gentis)*
gema (gemma)	*giba (gibus)*
generación (generatio-onis)	*girar (gyrare)*
genital (genitalis)	

2. Otras normas

2.1. Las que empiezan por:

- **Gene-:**
  genealogía, generación, generador, general, generalidad, generalizar, generar, generatriz, genérico, género, generoso, génesis, genético, ...
- **Geni-:**

  genial, genio, genital, genitor, genízaro, ...
- **Geno-:**

  genocidio, genotipo, ...
- **Gest-:**
  gesta, gestación, gestatoria, gesticular, gestión, gesto, gestor, gestoría, ...

→ **paradójico** (derivado de *paradoja*)

→ también se escribe
jenízaro

G

2.2. Después de las sílabas:

- **Al-:**

  álgebra, Algeciras, Algemesí, álgido, algebraico, algidez, ...

MENOS: ———

- **An-:**

  ángel, angelical, angélico, angelote, ángelus, angina, angiografía, angiología, angioma, angiosperma, ...

- **Ar-:**

  Argel, argelino, argénteo, argentería, argentífero, Argentina, argentinismo, argentoso, argila, argilla, ...

- **Co-:**

  cogedor, coger, cogestión, cogida, cogitabundo, cogitar, cogitativo, ...

EXCEPTO: ———

- **Con-:**

  congelador, congelar, congénere, congeniar, congestión, congestionar, congestivo, descongelar, descongestionar, ...

MENOS: ———

- **Fla-:**

  flagelar, flagelante, flagelo, camuflage, ...

- **In-:**

  ingeniar, ingeniería, ingeniero, ingenioso, ingente, ingenuo, ingerencia, ingestión, ingerir, ...

EXCEPTO: ———

- **Lon-:**

  longevidad, longevo, longitud, longitudinal, ...

J

→ **aljibe**

→ **cojear, cojín, cojinete, cojitranco**

→ **conjetura, conjeturar**

→ **injertar, injerto, injerirse**

Siempre

g

agnición	*agnosia*	*agnosticismo*	*amígdala*	*cognación*
cognición	*cognoscible*	*cognoscitivo*	*diagnóstico*	*dogmático*
fragmento	*ignaro*	*ígneo*	*ignición*	*ignominia*
ignorancia	*ignoto*	*impregnar*	*impugnar*	*magma*
magnesio	*magnetizar*	*magnetofón*	*magnífico*	*magnitud*
magnolia	*maligno*	*paradigma*	*paradigmático*	*pragmático*
pragmatismo	*prognatismo*	*prognato*	*pugna*	*sintagmático*

3. Palabras homófonas

	SIGNIFICADO	EJEMPLOS
Gira:	Excursión. Segunda persona singular imperativo y tercera singular del presente de indicativo de «girar» (=dar vueltas, enviar dinero o efectos bancarios, tratar, ...).	*Haremos, como Cela, una gira por La Alcarria. La hélice del avión gira vertiginosamente. Gira mil pesetas a su hijo. La constructora le gira letras mensuales. La conversación gira en torno al problema de la droga.*
Ingerir:	Introducir un animal en su aparato digestivo a través de la entrada en él alguna cosa (sinónimo de «comer» o «tragar»).	*Después de la operación estuvo tres días sin ingerir alimentos sólidos.*

Sonido velar sordo final de sílaba y seguido de consonante

Nunca

j

	SIGNIFICADO	EJEMPLOS
Jira:	Merienda campestre. Trozo alargado que se corta o rasga de una tela.	*Con motivo de la partida cinegética de la reina de Inglaterra, ofrecerá a sus invitados una jira en los aledaños del castillo. Después de la pelea comprobó que su vestido estaba hecho jiras.*
Injerir:	Inmiscuirse, intervenir, mangonear, mezclarse.	*Usted no es quién para injerirse en mis asuntos particulares.*

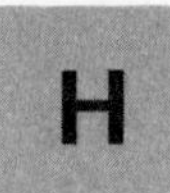

La letra *h* **carece de sonido** en castellano, por lo que se dice de ella que es muda.

Consérvase, sin embargo, con una pronunciación aspirada, cada vez menos frecuente, en algunas regiones de Extremadura y Andalucía. Por ejemplo, uno de los platos típicos de la gastronomía granadina, *habas con jamón*, se dice, con sentido popular, *jabas con jamón*.

Puede ir delante de cualquier vocal

Nunca **h** + consonante

1. Normas fundamentales

1.1. Se escriben con *h* muchas palabras derivadas del latín:

- **que ya tenían *h* en su origen:**

haber - habere
hábil - hábilis
habilitar - habilitare
habitación - habitatio-onis
habitáculo - habitáculus
habitar - habitare
hálito - hálitus
heredar - haereditare
herencia - haerentia
héroe - heros-ois
himno - hymnus
historia - historia
honor - honor
hora - hora
horror - horror
hoy - hodie
huésped - hospes-itis
humilde - húmilis

- **o comenzaban por *f*:**

haba - faba
hada - fata
hambre - famen-inis
hebilla - fibella
hecho - factus
heno - fenum
hígado - ficatum
hilo - filum
higo - ficus
hinojo - feniculum
hombre - homo-inis
horca - furca
huir - fúgere
huso - fusus
hacer - fácere
halcón - falco-onis

holgar - follicare
horadar - foradare
horno - furnus
humo - fumus
hablar - fabulare
hado - fatum
harina - farina
hebra - fibra
hembra - fémina
herir - ferire
hazaña - fazaña, de fácere
hechizo - facticius
hender - findere
hierro - ferrum
hijo - filius
hoja - folia
hondo - profundus
hormiga - formica
hurto - furtum

1.2. Los vocablos derivados y compuestos, cuyo primitivo lleva *h*:

hacer: *hechura, deshacer, rehacer*
hijo: *hijastro, ahijado, hidalgo (hijodalgo)*
honra: *honroso, honrado, deshonrar*
hora: *horario, ahora, deshora*
huir: *huidizo, huida, rehuir*

1.3. Las voces que comienzan con los sonidos siguientes:

• **Idr-:**

El sustantivo griego *«hýdor»* (=agua), en castellano *«hidro»*, entra en la formación de gran número de derivados y compuestos del mismo:

hidra: Especie de serpiente acuática.
hidratar: Combinar con agua.
hidrato: Compuesto químico de un elemento con el agua.
hidráulica: Energía producida por el agua.
hidroavión: Avión con flotadores para posarse sobre el agua.
hidrocarburos: Sustancias orgánicas compuestas solamente de carbono e hidrógeno.
hidrocefalia: Acumulación de líquido en la cabeza.
hidrodinámica: Parte de la mecánica que estudia el movimiento de los líquidos.
hidroeléctrico: Aprovechamiento del agua para obtener electricidad.
hidrófilo: Que absorbe el agua.
hidrofobia: Horror al agua (enfermedad de la rabia).
hidrógeno: Que engendra el agua.
hidrografía: Parte de la geografía que se ocupa del estudio de la parte líquida de la superficie terrestre.

hidrólisis: Descomposición de sustancias orgánicas por exceso de agua.

hidrología: Ciencia que trata de las aguas.

hidropesía: Acumulación serosa en cavidades o tejidos.

hidrosfera: Conjunto de las partes líquidas del globo terráqueo.

hidrostática: Parte de la mecánica que trata del equilibrio de los líquidos.

hidroterapia: Tratamiento para la curación de las enfermedades por medio del agua.

hidrotermal: Relativo a las aguas minerales termales.

• **Iper-:**

El prefijo procedente del griego *«hiper»* significa *«exceso»*, *«grande»*, y forma palabras tales como:

hipérbole: Exageración.

hiperclorhidria: Exceso de ácido clorhídrico en el jugo gástrico.

hipercrítica: Crítica excesivamente minuciosa.

hiperestesia: Hipersensibilidad.

hipermercado: Mercado de grandes dimensiones.

hipermetropía: Defecto de la vista por el que se ven mejor los objetos desde lejos que desde cerca.

hipersensible: Excesivamente sensible.

hipertensión: Tensión arterial alta.

hipertrofia: Crecimiento desmesurado de un órgano o miembro.

• **Ipo-:**

Casi todas las palabras que comienzan por este prefijo son, etimológicamente, derivadas del griego, bien

— del sustantivo *«hyppós» («caballo»):*

hipocampo: Caballo encorvado, caballo marino.

hipocentauro: Animal mitológico con parte de caballo y parte de centauro.

hipódromo: Lugar destinado a carreras de caballos.

hipogrifo: Animal fabuloso, mitad grifo y mitad caballo.

hipólogo: Veterinario de caballos.

hipopótamo: Caballo de río, animal paquidermo de gran tamaño que vive en los grandes ríos de África.

— o del prefijo *«hypo» («debajo»)*:

hipocondría: Depresión del ánimo, acompañada de melancolía.

hipocondríaco: Afectado de hipocondría.

hipocondrio: Partes laterales de la región epigástrica, situadas debajo de las costillas falsas.

hipodérmico: Debajo de la piel.

hipófisis: Glándula pituitaria situada en la parte anteroinferior del encéfalo, en la base del cráneo.

hipogastrio: Parte inferior del vientre.

hipogeo: Debajo de la tierra, tumbas o capillas subterráneas.

hipotaxis: Subordinación en gramática.

hipotensión: Tensión arterial baja.

hipotermia: Temperatura corporal más baja de lo normal.

hipotiroidismo: Deficiencia de secreción de la glándula tiroides.

hipotónico: De presión osmótica inferior a la del suero sanguíneo.

- **Ie-:**

hiedra, hiel, hielo, hiena, hierático, hierba, hieroglífico, hierro.

- **Ue-:**

huebra, hueco, huecograbado, huelga, huella, huérfano, huero, huerta, huesa, hueso, huésped, hueste, hueva, huevero, huevo.

Pueden escribirse indistintamente:

Formas *más* utilizadas	*arpa*	*arpía*	*hiedra*	*hierba*
Formas *menos* utilizadas	*harpa*	*harpía*	*yedra*	*yerba*

OBSERVACIÓN:

Los derivados de:

	hueco	huérfano	hueso	huevo	
algunos llevan *h*	*ahuecar* *huecograbado*	*huerfanito*	*huesarrón* *huesoso* *huesudo* *deshuesar*	*huevecillo* *huevera* *huevería* *huevero*	
otros no la llevan	*oquedad*	*orfanato* *orfandad* *orfelinato*	*osamenta* *osario* *óseo* *osificar*	*oval* *ovalado* *ovíparo* *ovoide* *ovulación* *óvulo*	*aovar* *desovar* *ovovivíparo*

2. Otras normas

2.1. Todos los tiempos y formas de la conjugación de los verbos:

- **Haber:**

  he, habían, hubimos, hubiese, haya, habrás, ...

- **Hacer:**

  hago, hicieron, harías, hecho, haciendo, hizo, ...

- **Y sus compuestos:**

  deshacer, rehacer, ...

2.2. Las palabras que comienzan por los siguientes vocablos o prefijos griegos:

- **Hecto-** (gr.: «hekaton», «cien»):

  hectárea, hectogrado, hectolitro, hectómetro, ...

- **Helios-** (gr.: «helios», «sol»):

  helio, heliocentrismo, heliógrafo, helioscopio, helióstato, heliotropismo, heliotropo, ...

- **Hemi-** (gr.: «hemi», «medio o mitad»):

  hemiciclo, hemiplejía, hemíptero, hemisferio, hemistiquio, ...

- **Hepta-** (gr.: «hepta», «siete»):

heptacordo, heptaedro, heptagonal, heptágono, heptarquía, heptasílabo, ...

- **Hetero-** (gr.: «heteros», «otro»):

heterocerca, heterodoxia, heterodoxo, heterogéneo, heterónomo, heterosexual, heterótrofo, ...

- **Hexa-** (gr.: «hexa», «seis»):

hexaedro, hexagonal, hexágono, hexámetro, hexapétalo, hexápodo, hexasílabo, ...

- **Homo-** (gr.: «homos», «igual»):

homófono, homogeneidad, homogéneo, homógrafo, homologar, homólogo, homónimo, homosexual, ...

2.3. Los vocablos, y las palabras compuestas de los mismos, que empiezan por:

• **Ebr-:**	MENOS:
hebra, hebraico, hebraísmo, hebraísta, hebreo, hebroso, ...	**ebriedad, ebrio, Ebro**
• **Erm-:**	EXCEPTO:
hermafrodita, hermanar, hermandad, hermano, hermeneútico, hermético, hermetismo, hermosear, hermoso, hermosura, deshermanar, ...	**ermita, ermitaño**
• **Ern-:**	MENOS:
hernia, herniado, ...	**Ernesto**
• **Ist-:**	MENOS:
histeria, histérico, histerología, histología, historia, historial, historieta, histrión, intrahistoria, prehistoria, ...	**istmo**
• **Olg-:**	EXCEPTO:
holgadamente, holgado, holgar, holgazán, holgazanear, holgura, ...	**Olga**
• **Onr:**	
honra, honradamente, honradez, honrado, honrar, honrilla, deshonrar, ...	

• **Orm-:**

horma, hormiga, hormigón, hormigueo, hormiguero, hormiguillo, hormona, ahormar, ...

• **Orn-:**

hornacina, hornada, hornazo, hornblenda, hornear, hornero, hornillo, horno, ...

EXCEPTO:

ornamento, ornar, ornato, ornitología, ornitorrinco

• **Orr-:**

horrendo, hórreo, horrible, horripilar, horrísono, horror, horrorizar, horroroso, ...

• **Osp-:**

hospedar, hospedaje, hospedería, hospedero, hospiciano, hospicio, hospital, hospitalario, hospitalidad, hospitalizar, inhóspito, ...

• **Um-:**

humanidad, humanismo, humanitario, humano, humareda, humedad, humeral, húmero, humero, humildad, humillar, humo, humor, humorismo, ahumar, deshumanización, infrahumano, inhumano, sobrehumano, ...

2.4. Llevan una *h* intercalada los que comienzan por:

• **Mo + (H) + vocal**[1]**:**

mohín, mohíno, moho, mohoso, desenmohecer, enmohecer, ...

MENOS:

moabita, Moisés

• **Za + (H) + vocal:**

zahareño, zaherir, zahón, zahondar, zahorí, zahurda, ...

EXCEPTO:

zaino

2.5. Buen número de interjecciones se escriben con *h*:

¡ah!, ¡bah!, ¡eh!, ¡hala!, ¡hale!, ¡hola!,
¡hum!, ¡hurra!, ¡huy!, ¡oh!

---

[1] Se pronuncia *h* aspirada en algunas Comunidades Autónomas (Andalucía, Extremadura).

3. Palabras usuales que se escriben con *h* intercalada:

Abraham
adherir
adhesión
adhesivo
ahechar
aherrojar
ahí
ahijado
ahínco
ahíto
ahogar
ahondar
ahora
ahorcar
ahormar
ahorrar
ahuecar
ahumar
ahuyentar
alcohol
alhaja
alharaca
alhelí
alhóndiga
almohada
almohade
almohadilla
almohadón
amohinar
anhelar
anhídrido
aprehender
ataharre
azahar
bahía
behaviorismo
behetría
bohemio
bohío
brahmán
brahmanismo
buhardilla
buho
buhonero
cacahuete
cohabitar
cohechar
cohecho
coherencia
cohesión
cohete
cohibir
cohombro
cohorte
dehesa
dehiscencia
deshecho
deshollinar
enharinar
enhiesto
enhorabuena
enhoramala
exhalación
exhalar
exhaustivo
exhausto
exhibicionismo
exhibir
exhortar
exhumar
fehaciente
ghetto
inhábil
inhabilitar
inhalador
inhalar
inherente
inhibir
inhumación
inhumar
Jehová
mahometano
mahometismo
mahonesa
malhadado
malhechor
malhumorar
menhir
mihrab
náhuatl
nihilismo
ohmio
parahúso
perihelio
prohibir
prohijar
prohombre
quehacer
rehabilitar
rehala
rehecho
rehén
rehogar
rehuir
rehusar
retahíla
sahariano
sahumado
sahumar
sahumerio
sha
shérif
shock
short
show
tahalí
tahona
tahúr
transhumante
transhumar
truhán
vahído
vaho
vehemencia
vehículo
vihuela

Pueden escribirse indistintamente:

baraúnda	*bataola*	*desarrapado*
barahúnda	*batahola*	*desharrapado*

4. Palabras homófonas

	SIGNIFICADO	EJEMPLOS
A:	Letra vocal. Preposición.	*La a es la primera letra del alfabeto. Iremos a Madrid a comprar.*
Ablando:	Primera persona singular del presente indicativo de «ablandar».	*Ablando la masa echándole una poca agua.*
Acedera:	Una planta.	*La acedera es comestible y de sabor ácido.*
Ala:	Miembro para volar en los animales, aviones, ... Parte del sombrero. Flanco.	*El canario tiene el ala rota. Sombrero de ala ancha. El ala derecha del palacio.*
Alambra:	Tercera persona singular del presente indicativo y segunda singular del imperativo de «alambrar».	*Alambra la finca para que no se marchen los toros.*
Anega:	Tercera persona del singular del presente de indicativo y segunda del singular del imperativo de «anegar».	*La tierra se anega con el agua vertida del pantano.*
Aprender:	Conocer, instruirse.	*Conviene aprender de todo un poco.*
Aprensión:	Temor, reparo.	*El enfermo tiene mucha aprensión.*
Arán:	Valle de los Pirineos.	*El valle de Arán es de una belleza impresionante.*
Aremos:	Primera persona plural del presente de subjuntivo de «arar».	*Es necesario que aremos pronto los viñedos.*
Aro:	Primera persona singular del presente indicativo de «arar». Juego infantil.	*Aro las tierras en otoño. Los niños juegan al aro.*
As:	Carta de la baraja. Campeón.	*Arrastró con el as de bastos. Fangio fue un as del volante.*

	SIGNIFICADO	EJEMPLOS
Ah:	Interjección.	*¡Ah, granuja! Ya te atrapé.*
Ha:	Tercera persona singular del presente indicativo de «haber».	*Ha de tener cuidado, ya que ha dado un patinazo muy grande.*
Hablando:	Gerundio de «hablar».	*Hablando se entiende la gente.*
Hacedera:	Factible (derivado de «hacer»).	*La obra proyectada es hacedera.*
Hala:	Interjección.	*¡Hala con él! ¡No te dejes vencer!*
Alhambra:	Castillo o palacio árabe.	*La Alhambra de Granada es un monumento de singular belleza.*
Hanega:	Fanega.	*Posee una finca de cien hanegas de tierra de secano.*
Aprehender:	Coger, aprisionar.	*Hay orden de aprehender a los ladrones.*
Aprehensión:	Captar una cosa sin reflexionar sobre ella.	*La lección es de fácil aprehensión.*
Harán:	Tercera persona singular del futuro imperfecto indicativo de «hacer».	*Los actores harán una sola función diaria.*
Haremos:	Primera persona plural del futuro imperfecto indicativo de «hacer».	*Haremos una excursión a Italia el próximo verano.*
Haro:	Ciudad de La Rioja (Logroño).	*En Haro hay unas bodegas excelentes.*
Has:	Segunda persona singular del presente de indicativo de «haber».	*Te has aprendido pronto la lección.*

	SIGNIFICADO	EJEMPLOS
Asta:	Palo de la bandera. Cuerno.	*La bandera ondeaba a media asta. Tiene una profunda herida de asta de toro.*
Atajo:	Camino que acorta distancia.	*Llegarás mucho antes por el atajo.*
Ato:	Primera persona singular del presente de indicativo de «atar».	*Me ato los cordones de los zapatos.*
Ay:	Interjección.	*¡Ay, mísero de mí! ¡Ay, infeliz!*
Aya:	Mujer que cuida niños, preceptora.	*Doña Mencía fue aya de la reina.*
Azar:	Casualidad.	*Quedan prohibidos los juegos de azar.*
Corte:	Primera y tercera persona singular del presente de subjuntivo de «cortar» y tercera singular del imperativo del mismo. Cortadura. Población donde reside el rey, etc.	*Corte usted por donde quiera. Me he dado un corte al afeitarme. Madrid, capital y corte de España.*
Desecho:	Primera persona singular del presente indicativo de «desechar». Cosa ya inservible.	*Desecho tu proposición por inviable. Se venden materiales de desecho.*
Desojar:	Estropear la vista.	*Se va a desojar bordando tanto.*
E:	Letra vocal.	*La e es una vocal fuerte.*
Echa:	Tercera persona singular del presente indicativo y segunda de imperativo de «echar».	*Echa la carta al buzón.*

	SIGNIFICADO	EJEMPLOS
Hasta:	Preposición.	*Hasta mañana. Desde Madrid hasta París en tren.*
Hatajo:	Rebaño pequeño.	*Cuidaba un hatajo de ovejas merinas.*
Hato:	Rebaño, ajuar.	*Preparaba el hato para casarse al año siguiente.*
Hay:	Forma impersonal del presente de indicativo de «haber».	*Hay que cooperar todos en pro de la paz universal.*
Haya:	Primera y tercera personas del singular, del presente de subjuntivo de «haber». Especie arbórea.	*Posiblemente haya estado aquí, pero no está ahora. Muebles de madera de haya.*
Azahar:	Flor del naranjo y limonero.	*La novia llevaba un precioso ramo de azahar.*
Cohorte:	Agrupación de infantería romana.	*César, al mando de diez cohortes, asedió y rodeó la ciudad gala.*
Deshecho:	Participio pasivo de «deshacer».	*Se ha deshecho la coalición entre ambos partidos.*
Deshojar:	Perder o arrancar las hojas.	*Se entretuvo en deshojar la margarita.*
Eh:	Interjección.	*¡Eh! ¡No pase usted por ahí!*
He:	Primera persona singular del presente indicativo de «haber».	*He leído tu mensaje y lo he cumplido al pie de la letra.*
Hecha:	Participio de «hacer».	*La cena ya está hecha.*

	SIGNIFICADO	EJEMPLOS
Echo:	Primera persona singular del presente indicativo de «echar».	*Echo las quinielas todas las semanas.*
Errar:	Equivocarse.	*Errar es humano.*
Ice:	Primera y tercera personas singular del presente subjuntivo y tercera singular del imperativo de «izar».	*Ha ordenado el alcalde que se ice la bandera en el balcón del Ayuntamiento.*
Izo:	Primera persona singular del presente de indicativo de «izar».	*Izo el pabellón hasta lo más alto del mástil.*
O:	Letra vocal.	*No sabes hacer la o con un canuto.*
Ojear:	Mirar algo atentamente.	*Voy a ojear este libro.*
Ola:	Onda de la superficie del mar.	*Las olas azotaban la cubierta del barco.*
Onda:	Ola, vibración de la luz y del sonido.	*Mi radio tiene onda de frecuencia modulada.*
Ora:	Conjunción. Tercera persona singular del presente indicativo y segunda singular de imperativo de «orar».	*Ora llovía, ora escampaba. Ora y labora.*
Uno:	Numeral.	*Uno de cada diez está enfermo.*
Uso:	Primera persona singular del presente indicativo de «usar».	*Uso sombrero únicamente en invierno.*
Yerro:	Primera persona singular del presente indicativo de «errar». Equivocación.	*Yo yerro muchas veces. He cometido un yerro al pensar eso de ti.*

	SIGNIFICADO	EJEMPLOS
Hecho:	Participio de «hacer». Acción u obra.	*Todavía no has hecho la cama. El descubrimiento de América fue un hecho histórico de capital importancia.*
Herrar:	Poner herraduras.	*Voy a herrar el caballo.*
Hice:	Primera persona singular del pretérito indefinido de «hacer».	*Me hice el firme propósito de no reincidir en esa falta.*
Hizo:	Tercera persona singular del pretérito indefinido de «hacer».	*Hizo de su capa un sayo.*
Oh:	Interjección.	*Para y óyeme, ¡oh, sol!, yo te saludo.*
Hojear:	Pasar las hojas de un libro.	*Deja de hojear el libro y estúdiatelo.*
Hola:	Interjección.	*¡Hola! ¿Qué tal te encuentras?*
Honda:	Profunda.	*La piscina es bastante honda.*
Hora:	Medida de tiempo.	*De sesenta minutos consta la hora.*
Huno:	Pueblo originario de Asia central.	*Atila, rey de los hunos, invadió Europa.*
Huso:	Instrumento para hilar.	*La rueca y el huso apenas se usan ahora.*
Hierro:	Metal.	*¡Qué bonita es esa verja de hierro!*

5. Palabras que se diferencian no sólo por la *h*, sino también por la acentuación

	SIGNIFICADO	EJEMPLOS
Abre:	Tercera persona singular del presente indicativo y segunda singular del imperativo de «abrir».	*Abre la puerta, María, que te traigo un aguinaldo.*
Ahí:	Adverbio de lugar.	*Ahí te quiero ver.*
Allá:	Adverbio de lugar.	*Allá muevan feroz guerra ciegos reyes.*
Aran:	Tercera persona singular del presente indicativo de «arar».	*Si no se aran los campos, la producción es muy baja.*
Aren:	Tercera persona plural del presente de subjuntivo e imperativo de «arar».	*He mandado que aren el olivar.*
Aria:	Raza indoeuropea. Composición melódica de una voz.	*La cultura aria es antiquísima. Me entusiasma el aria de La Traviata.*
Oí:	Primera persona singular del pretérito indefinido de «oír».	*Oí las noticias y me quedé estupefacto.*
Usar:	Utilizar.	*Prohibido usar este medicamento.*

	SIGNIFICADO	EJEMPLOS
Habré:	Primera persona singular del futuro imperfecto de indicativo de «haber».	*Para el verano habré acabado de pagar el piso.*
Hay:	Forma impersonal del presente de indicativo de «haber».	*Ahí hay un hombre que dice ¡ay!*
Halla:	Tercera persona singular del presente indicativo de «hallar».	*España se halla integrada en la Comunidad Económica Europea.*
Harán:	Tercera persona plural del futuro imperfecto indicativo de «hacer».	*EE.UU. y la URSS harán las paces después del convenio militar.*
Harén:	Departamento de las mujeres en las casas musulmanas.	*El harén estaba custodiado por dos robustos eunucos.*
Haría:	Primera y tercera personas singular del potencial simple de «hacer».	*Haría falta más sacrificio por parte de todos.*
Hoy:	Adverbio de tiempo.	*No dejes para mañana lo que puedas hacer hoy.*
Húsar:	Soldado de caballería ligera.	*Mi hermano es húsar del Rey.*

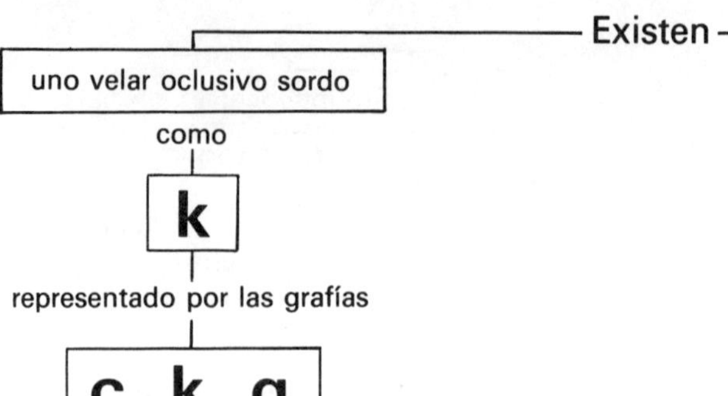

1. Normas fundamentales:

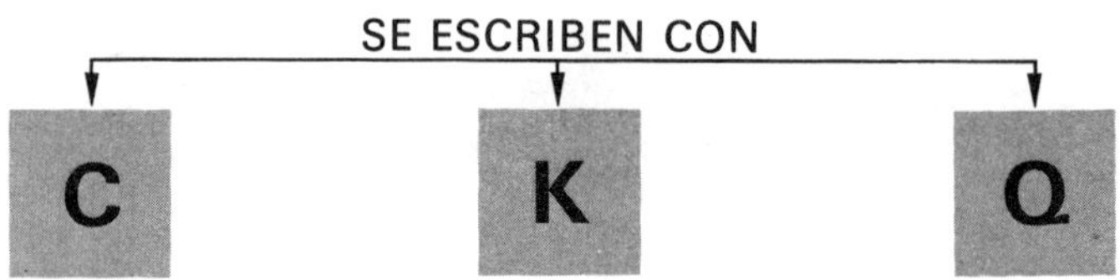

1.1. Ante ***a, o, u:***

becario, cabal, cable, calabozo, decaer, horca, tuerca, volcar, yesca, zancadilla, bucólico, cobre, Copérnico, disco, Jacobo, recobrar, tabaco, zoco, zodíaco, acuñar, decúbito, innocuo, sericultura, vicuña, vincular, ...

1.4. Algunas palabras que han conservado su ortografía originaria:

Káiser, kantiano, karate, katiuska, koala, koljoz, krausismo, kremlim, ...

Unas cuantas pueden escribirse indistintamente, aunque predomina la forma con *k*:

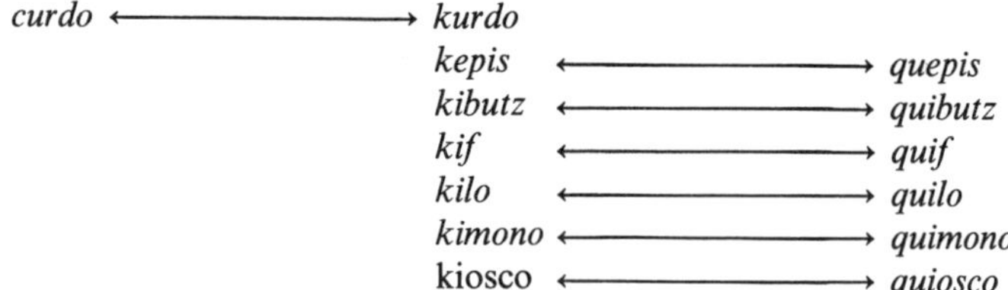

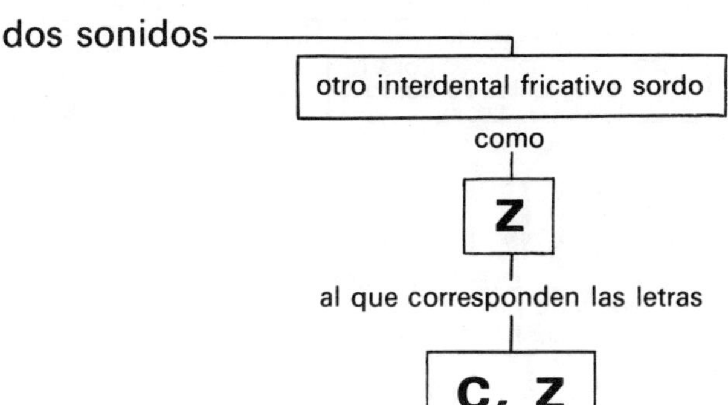

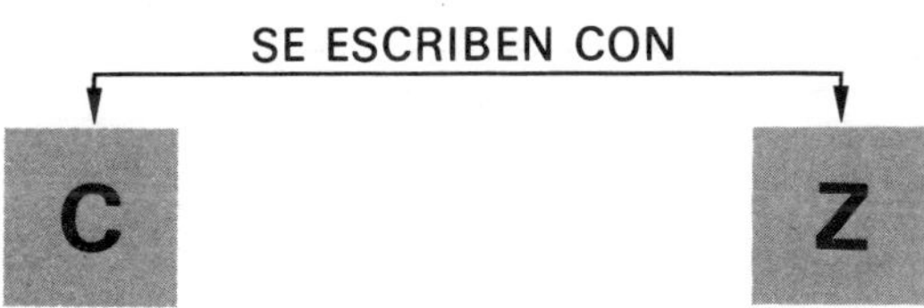

1.6. Ante ***e, i:***

aceite, acérrimo, acerbo, becerro, cacería, Cecilio, cecina, conocer, decenio, macerar, maceta, nacer, pacer, recental, rehacer, sucedáneo, trocear, cíngulo, conciliábulo, décimo, facineroso, fascista, gracioso, hacinar, maldecir, pacificador, pocilga, querencia, recinto, saciar, zurcir, ...

1.7. Ante ***a, o, u:***

almazara, apelmazar, baza, berza, cazar, colza, zahorí, zapatero, zanahoria, Zaragoza, azogue, azorar, azotea, bazofia, benzoato, bonzo, cazo, ozono, pozo, zopenco, zorro, azúcar, azufrar, azulejo, azumbre, cazuela, cazurro, mozuelo, Zumalacárregui, zumo, zurriago, ...

Sin embargo, se escriben indistintamente:

ácimo ⟷ *ázimo*
acimut ⟷ *azimut*
ceda ⟷ *zeda*
cedilla ⟷ *zedilla*
celandés ⟷ *zelandés*
cenit ⟷ *zenit*
ceta ⟷ *zeta*
ceugma ⟷ *zeugma*
cinc ⟷ *zinc*
cíngaro ⟷ *zíngaro*

SE EXCEPTÚAN: ⟶ **enzima** (fermento), **Zendavesta, zendo, zigzag, zigzaguear, zipizape**

Existen

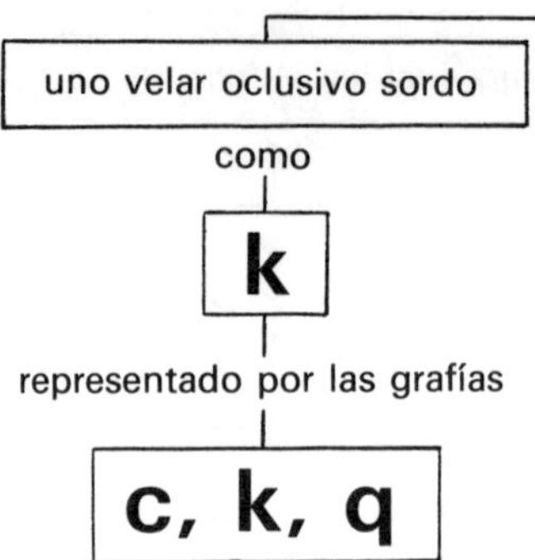

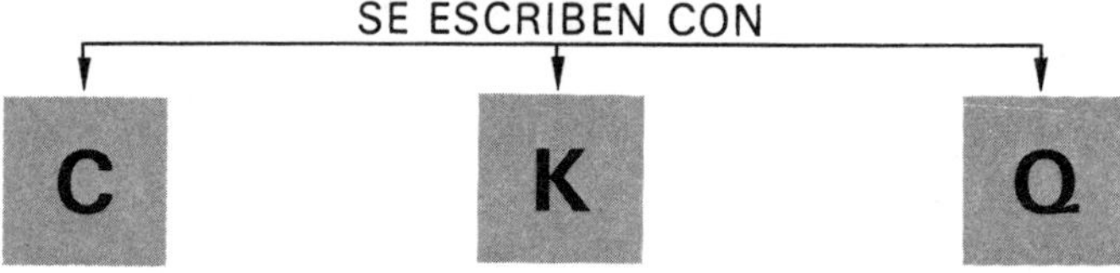

1.2. Delante de cualquier consonante:

acción, ácrata, acróbata, activo, ciclón, ciclostil, clima, club, clueca, enclavar, interfecto, luctuoso, macrocéfalo, microbio, reclusión, sacramento, sacrificio, sector, selecto, termonuclear, tractor, vector, victoria, ...

1.5. Ante ***e, i,*** precedidas de ***u*** (que no se pronuncia):

aqueo, porque, quebranto, quemar, querubín, saqueo, trueque, aquilatar, Aquiles, paquidermo, siquiera, toquilla tranquilo, zaque, ...

EXCEPTO: ——————

1.3. Al final de palabra:

coñac, frac, vivac

EXCEPTO: ——→ **anorak, cok**

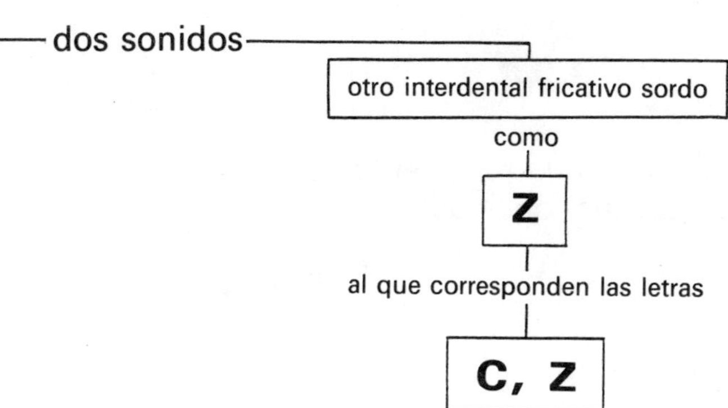

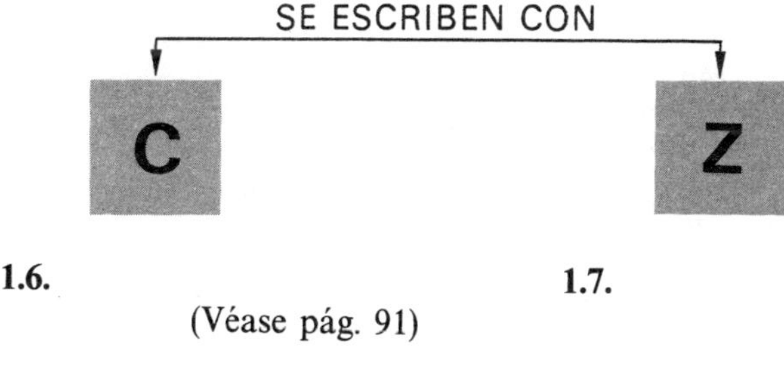

1.6. **1.7.**

(Véase pág. 91)

► azteca

1.8. Las palabras acabadas en *z,* cambian ésta por una *c* al formar el plural:

Plural	Singular
arroces, coces, luces, paces, peces, torcaces, voces, ...	arroz, coz, luz, paz, pez, torcaz, voz, ...

Con esta grafía representamos los fonemas

/m/ y [m] — alófono

1. Normas fundamentales

1.1. Ante *b* y *p* se escribe *m*:

alambre	*hambre*	*acampar*	*interrumpir*
alfombra	*incertidumbre*	*atemperar*	*lámpara*
azumbre	*lumbre*	*campamento*	*mamporro*
cambiar	*nombre*	*campesino*	*pompa*
comba	*raigambre*	*cantimplora*	*rampa*
cumbre	*simbiosis*	*compatible*	*simpatía*
embajada	*sombra*	*competición*	*templar*
embustero	*umbría*	*emperador*	*trampa*
estambre	*yambo*	*hampa*	*vampiro*
gamba	*zambra*	*imposible*	*zampabollos*

1.2. Al final de palabra sólo se escribe *m* en unos cuantos latinismos:

álbum, factótum, ídem, maremágnum, máximum, memorándum, mínimum, sympósium, tándem, tedéum, tótem, ultimátum, vademécum

2. Otras normas

2.1. Como consecuencia de lo dicho en el apartado 1.1:

El prefijo *in-* se transforma en *im-* ante:

- **B:** *imbatible, imbécil, imberbe, imborrable, imbricar, imbuir, ...*
- **P:** *impar, impávido, impecable, impedir, impenitente, imperceptible, impermeable, ...*

N

Transcribe el fonema

del /n/

1.1. Ante *v* y *f* se escribe *n*:

convencer	*investigación*	*anfetamina*	*conflicto*
convenir	*investir*	*anfibio*	*confluencia*
convento	*invicto*	*anfiteatro*	*infección*
convicto	*invidente*	*ánfora*	*infierno*
convite	*invierno*	*confabular*	*inflación*
convocar	*invocar*	*confederación*	*influir*
envainar	*invulnerable*	*conferencia*	*linfático*
enviar	*reconvenir*	*confesar*	*panfleto*
envidia	*reconvertir*	*confinar*	*sinfonía*
envite	*sinvergüenza*	*confiscar*	*triunfar*

1.2. Al final de palabra se escribe siempre *n*:

EXCEPTO:

ambición, balcón, flemón, fortín,
gabán, montón, plantación, rocín,
serrín, tafetán, velón, zurrón, ...

2.1. Como consecuencia de lo dicho en el apartado 1.1:

• El prefijo latino ***Circum-*** se cambia en ***Circun-*** cuando no va delante de *b* o *p*:

circuncentro, circuncidar, circunferencia,
circunnavegación, circunstancia,
circunvalación, circunvolar, ...

2.2. Cuando este sonido es doble:

- En las palabras simples:

— **siempre *MN:***

alumno, calumnia, columna, gimnasia, himno, omnipotente, omniscente, ...

EXCEPTO:

perenne

- En los vocablos compuestos:

— **la primera siempre *n*, la segunda *m* o *n*:**

- **NM:**

conmemorar, conmensurable, conmigo, conmoción, enmascarar, enmendar, enmohecer, enmudecer, inmaculado, inmediato, inmejorable, inmisericorde, inmobiliario, inmortal, inmunidad, ...

- **NN:**

connivencia, connotación, connubio, ennegrecer, ennoblecer, innato, innocuo, innovación, innumerable, ...

• A partir de 1956, la R.A.E. acepta en su *Diccionario* la simplificación de ***mn* en posición inicial,** pudiéndose escribir:

mnemotécnica o nemotécnica (véase pág. 124).

Puede darse en la escritura *NN,*
pero no *MM*

EXCEPTO: **gamma**

y algunos nombres propios:

Emma, Gemma,
Mariemma

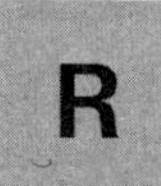

Tiene dos sonidos

Vibrante simple

Como en

amor, cara, Carlos, cera, cura, ira, oro, puro, tarima, veracidad, yerno, ...

No existe ninguna dificultad ortográfica para las palabras que llevan este sonido, puesto que

al comienzo	en medio	al final
de vocablo no existe tal sonido	*arado* *era* *hora* *prado* *sorber* *trazar* *vara*	*amar* *candor* *hedor* *pavor* *sabor* *torcer* *virar*

en medio y al final: siempre **r**

Vibrante múltiple

Como en

carro, morro, Navarra, perro, rabo, río, ropa, ruido, yerro, zorro, ...

al comienzo	en medio entre consonante (*l-n-s*) y vocal	en medio entre dos vocales	al final
rabo *remar* *ritmo* *ritual* *robo* *rubio* *rucio*	*alrededor* *Enrique* *israelita*	*cerro* *porra* *sarro*	no se da dicho sonido
r	**r**	**rr**	

OBSERVACIÓN:

- En las palabras compuestas:

cuyo segundo elemento comienza por *r* y el primero acaba en vocal, tales como:	se aconseja escribirlas con *rr*, para facilitar su lectura, siguiendo de este modo la regla general antes citada:	sin embargo, cuando los componentes van separados por un guión, no se duplica la *r*:
anglo/ruso *anti/reglamentario*	*anglorruso* *antirreglamentario*	*anglo-ruso* *anti-reglamentario*

greco/romano	*grecorromano*	*greco-romano*
hispano/rumano	*hispanorrumano*	*hispano-rumano*
mani/roto	*manirroto*	*mani-roto*
para/rayos	*pararrayos*	*para-rayos*
pro/rateo	*prorrateo*	*pro-rateo*
quema/ropa	*quemarropa*	*quema-ropa*
radio/receptor	*radiorreceptor*	*radio-receptor*
vice/rector	*vicerrector*	*vice-rector*

• Aunque su pronunciación es distinta y, por tanto, no deben existir dudas a la hora de escribirlas, citamos a continuación algunas palabras cuyo significado es diferente, según lleven *r* o *rr*:

Ahora: en este momento.	**Ahorra:** del verbo *ahorrar*.	*Ahora se ahorra poco.*
Aras: altares; del verbo *arar*.	**Arras:** monedas que entrega el novio a la novia.	*Las arras de los recién casados fueron depositadas en las aras del templo.*
Bario: un metal.	**Barrio:** zona o distrito de una población.	*Una mina de bario. Mi barrio está bien comunicado.*
Careta: máscara.	**Carreta:** carro.	*Llevaba una careta de diablo. Los bueyes tiraban de la carreta.*
Caro: de precio excesivo.	**Carro:** carruaje.	*Este carro costó muy caro.*
Cero: número.	**Cerro:** montículo.	*En lo más alto del cerro la temperatura era de cero grados.*
Coro: grupo de cantores. Lugar de la iglesia.	**Corro:** espacio circular.	*El coro de TVE cantó en el coro de la catedral sevillana. Formad un corro en torno de la hoguera.*
Curo: del verbo *curar*.	**Curro:** majo.	*Me curo la herida. ¡Qué curro está el chaval!.*
Foro: plaza pública, lugar de un tribunal.	**Forro:** revestimiento interior.	*El abogado defendió la causa en el foro. El forro del abrigo está roto.*
Mira: del verbo *mirar*.	**Mirra:** resina aromática.	*Mira cómo el rey mago ofrece mirra al Niño Jesús.*

Moro: del Norte de África.	**Morro:** hocico abultado.	*El moro no comía tocino. Dióle un sopapo en el morro.*
Para: preposición.	**Parra:** vid alta.	*Traigo abono para la parra.*
Perito: persona entendida en algo.	**Perrito:** perro pequeño.	*Soy perito tasador de joyas. Tengo un perrito pequinés.*
Pero: preposición. **Pera:** fruto.	**Perro:** animal. **Perra:** animal.	*El perro comía de todo, pero no le gustaban las peras.*
Poro: orificio pequeño.	**Porro:** cigarro que contiene droga.	*Sudaba por todos los poros de la frente. Se empieza por el porro y se acaba siendo adicto a cualquier droga.*
Yero: hierba.	**Yerro:** error, equivocación.	*El fruto del yero es un alimento muy bueno para las palomas. Cualquier persona puede cometer un yerro.*

1. Normas fundamentales

No dicta la R.A.E. ninguna regla para el correcto uso de la *S*.
No obstante, en la práctica podemos tener en cuenta:

1.1. Se escriben con *S* las palabras derivadas de verbos acabados en el infinitivo en las sílabas que se citan a continuación, si no conservan la *D* o la *T* de dicha sílaba:

- **-Der:**

acceder *(accesible, accesión, accésit, acceso, accesorio, inaccesible)*, ceder *(cesión)*, comprender *(comprensión)*, conceder *(concesión)*, morder *(mordisco)*, poder *(posible)*, propender *(propensión)*, suceder *(sucesible, sucesivamente, sucesivo, suceso, sucesorio)*, suspender *(suspensión)*, tender *(tensión)*, ...

- **-Dir:**

agredir *(agresión, agresivamente, agresividad, agresivo, agresor)*, confundir *(confusión, confusionismo, confuso)*, contundir *(contusión)*, difundir *(difusión, difusivo, difuso, difusor)*, disuadir *(disuasión, disuasivo)*, dividir *(divisible, división, divisor, divisorio)*, elidir *(elisión)*, eludir *(elusión, elusivo)*, escindir *(escisión)*, fundir *(fusión)*, incidir *(incisión, incisivo, inciso, incisorio)*, infundir *(infusión, infuso)*, radiodifundir *(radiodifusión)*, subdividir *(subdivisión)*, ...

- **-Ter:**

cometer *(comisión, comisionar, comisionista)*, entremeter o entrometer *(intromisión)*, reverter o revertir *(reversibilidad, reversible, reversión, reverso)*, verter *(versión, introversión)*, ...

- **-Tir:**

admitir *(admisible, admisión)*, asentir *(asenso)*, consentir *(consenso)*, convertir *(conversión, converso)*, dimitir *(dimisión, dimisionario, dimisorio)*, discutir *(discusión)*, disentir *(disensión)*, divertir *(diversión)*, invertir *(inversión, inversionista, inversor)*, omitir *(omisible, omisión, omiso)*, percutir *(percusión, percusor)*, permitir *(permisible, permisión, permiso, permisor)*, readmitir *(readmisión)*, remitir *(remesa, remesar, remisión, remisivo, remiso, irremisible)*, repercutir *(repercusión)*, sentir *(sensible, sensitivo, sensorio, sensual)*, subvertir *(subversión, subversivo, subversor)*, transmitir *(transmisión, transmisor)*, ...

1.2. Después de vocal $+n$ o $b+s$ formando una sola sílaba:

- **Abs-:**

abstemio, abstención, abstencionismo, abstenerse, abstinencia, abstracción, abstracto, abstraer, abstruso, ...

- **Obs-:**

obstaculizar, obstáculo, obstante, obstar, obstetra, obstetricia, obstinación, obstinado, obstinarse, obstrucción, obstruccionismo, obstruccionista, obstructor, ...

- **Ins-:**

inscribir, inscripción, inscrito, inspeccionar, inspector, inspiración, inspirar, instalación, instalar, instancia, instantáneo, instante, instar, instauración, instaurar, instigación, instigar, instilación, instilar, instintivo, instinto, institución, institucional, instituto, institutriz, instrucción, instructivo, instructor, instrumental, instrumentalizar, instrumentar, instrumento, ...

• Como tal letra, no existe en castellano y sólo hace algunos años que la R.A.E. la incluyó en su *Diccionario* con el nombre de «V doble», haciendo constar que únicamente se emplea en voces de procedencia extranjera.

Según el país de origen:

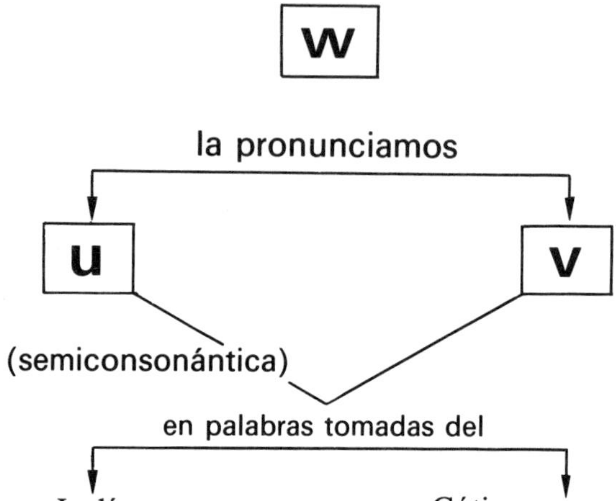

w

la pronunciamos

u (semiconsonántica) — **v**

en palabras tomadas del

Inglés	Gótico o germánico
Washington *(Uasington)*	Wagner *(Vagner)*
Wellington *(Uelington)*	Walia *(Valia)*
Wertheim *(Uertein)*	walkiria *(valkiria)*
Wilson *(Uilson)*	Wamba *(Vamba)*
Windsor *(Uindsor)*	Weimar *(Veimar)*
Winston *(Uinston)*	Wenceslao *(Venceslao)*
Wisconsin *(Uisconsin)*	Westfalia *(Vestfalia)*
Wyman *(Uiman)*	Witerico *(Viterico)*

• Las palabras han sido adoptadas por la R.A.E. y aparecen en el *Diccionario* bajo las formas:

wagon → *vagón*
wals → *vals*
watt → *vatio* (aunque en Física, cuando se utiliza como unidad de potencial eléctrico, se escribe *wat*)
wolfram → *volframio* o *wolfram*

Con esta letra transcribimos
el fonema compuesto

En el habla corriente
suele pronunciarse:

Es, sin embargo, cada vez más normal
que el común de las gentes pronuncien

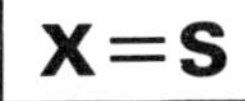

lo que puede originar errores en la escritura

Para evitarlos, aunque la R.A.E. no menciona ninguna regla específica, debemos tener en cuenta las siguientes normas.

1. Otras normas

1.1. Llevan *x* las palabras que comienzan por:

- **Ex + vocal o *h* muda:**

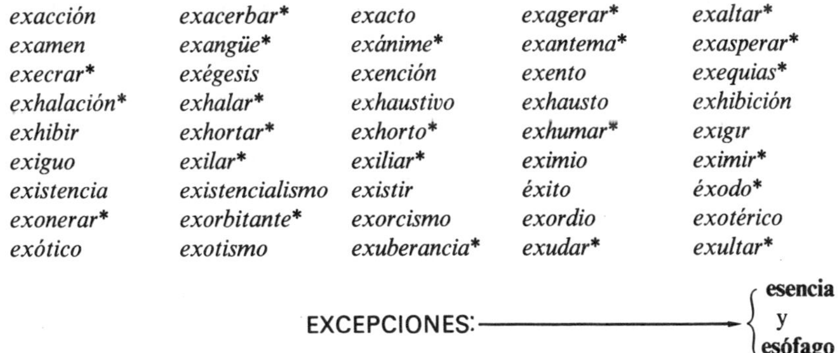

exacción	*exacerbar**	*exacto*	*exagerar**	*exaltar**
examen	*exangüe**	*exánime**	*exantema**	*exasperar**
*execrar**	*exégesis*	*exención*	*exento*	*exequias**
*exhalación**	*exhalar**	*exhaustivo*	*exhausto*	*exhibición*
exhibir	*exhortar**	*exhorto**	*exhumar**	*exigir*
exiguo	*exilar**	*exiliar**	*eximio*	*eximir**
existencia	*existencialismo*	*existir*	*éxito*	*éxodo**
*exonerar**	*exorbitante**	*exorcismo*	*exordio*	*exotérico*
exótico	*exotismo*	*exuberancia**	*exudar**	*exultar**

EXCEPCIONES: → **esencia** y **esófago**

• **Ex-:**

Prefijo latino, que significa *fuera*, y se usa algunas veces para dar al significado un matiz intensivo, privativo o de negación:

excarcelar	*excéntrico*	*excitar*	*exclamar*	*excomulgar*
excomunión	*excrecencia*	*excreción*	*excursión*	*excusa*
excusar	*exfoliar*	*expansión*	*expatriar*	*expedición*
expedito	*expiar*	*explanar*	*explicar*	*explicación*
exponer	*exportar*	*exposición*	*expósito*	*exprimir*
expropiar	*expuesto*	*expugnar*	*expulsar*	*expurgar*
exquisito	*extender*	*extenuar*	*exterminar*	*exterminio*
extirpar	*extorsión*	*extractar*	*extraer*	*extracción*

además de las marcadas con (*) en el apartado anterior.

• **Ex-:**

Preposición latina que se antepone en castellano a nombres que designan cargos, oficios, etc., para indicar que la persona que los ostentaba o realizaba ha dejado de ejercerlos. Suele escribirse separada del sustantivo por un guión:

ex-alcalde	*ex-alumno*	*ex-concejal*	*ex-corredor*
ex-director	*ex-ministro*	*ex-presidente*	*ex-profesor*

• **Extra-:**

Prefijo que significa *«fuera de»* (véase observación 1). Puede escribirse junto o separado por un guión. En este último caso tendría el valor de una preposición (tal era en la lengua latina):

extralimitarse	*extramuros*	*extraordinario*	*extraplano*
extrapolar	*extrarradio*	*extraterritorial*	*extravagante*
extravertido (obs. 2)	*extraviar*	*extra-académico*	*extra-territorial*

OBSERVACIONES:

1. Naturalmente, cuando una palabra empieza por **Estra,** que no es el prefijo citado, se escribe con *s*:

estrabismo	*estrado*	*estrafalario*	*estrago*
estrambote	*estrambótico*	*estrangular*	*estraperlo*
estratagema	*estratega*	*estrategia*	*estratégico*
estratigrafía	*estrato*	*estratosfera*	*estraza*

2. Suele emplearse también la forma *extrovertido*, creada, probablemente, por similitud fonética con *introvertido*.

1.2. Palabras usuales que llevan *x* en su escritura:

anexo	*aproximar*	*ataxia*	*auxiliar*
auxilio	*axila*	*axioma*	*axis*
bauxita	*boxeo*	*claxon*	*clímax*
complexión	*conexión*	*contexto*	*convexo*
coxígea	*coxis*	*crucifixión*	*dislexia*
dux	*elixir*	*exceder*	*excelencia*
exclaustrar	*exclusivo*	*excremento*	*exégesis*
extinguir	*extranjero*	*extrañar*	*extremaunción*
extremeño	*extremidad*	*exvoto*	*fénix*
flexible	*flexión*	*galaxia*	*genuflexión*
heterodoxo	*inexpugnable*	*inextinguible*	*inextricable*
inflexión	*intoxicar*	*irreflexión*	*laxante*
léxico	*luxación*	*marxismo*	*maxilar*
máxima	*máxime*	*máximo*	*mixto*
mixtura	*nexo*	*ónix*	*ortodoxo*
oxígeno	*paroxismo*	*paroxítono*	*plexo*
proxeneta	*próximo*	*reflexionar*	*reflexivo*
saxofón	*sexagenario*	*sexagésimo*	*sexismo*
sexteto	*sextuplicar*	*sexual*	*taxativo*
taxi	*taxímetro*	*textil*	*texto*
textura	*tórax*	*tóxico*	*xenofobia*
xerocopia	*xerografía*	*xilófono*	*yuxtaponer*

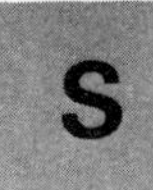

1. Palabras homófonas

	SIGNIFICADO	EJEMPLOS
Contesto:	Primera persona singular del presente de indicativo de «contestar».	*No contesto a las cartas recibidas por falta de tiempo.*
Escaba:	Desperdicio del lino (término usado en Aragón).	*Después de hilar arroja las escabas.*
Esclusa:	Dique con puertas, para contener o dejar pasar el agua de un río, un canal, etc.	*El canal de Panamá utiliza un sistema de esclusas para el paso de los barcos.*
Esotérico:	Secreto, oculto.	*Los conocimientos esotéricos de esta doctrina sólo se revelan a los iniciados en la misma.*
Espiar:	Vigilar u observar con disimulo o secretamente.	*EE.UU. y la URSS se espían mutuamente.*
Espira:	Espiral, cada vuelta de una espiral o hélice.	*Traza una espira en esta parte del dibujo.*
Espirar:	Echar el aire fuera de los pulmones en el acto de la respiración.	*Hay que inspirar y espirar profundamente para que se ensanchen bien los pulmones.*
Esplique:	Armadijo para cazar pájaros.	*Colocan los espliques en el arroyo al que vienen los pájaros a beber.*
Espolio:	Conjunto de los bienes de un obispado que quedan al morir un obispo.	*A la muerte de monseñor Ramiro, obispo de Mondoñedo, el espolio de la diócesis era uno de los más ricos de su historia.*
Esportada:	Cantidad de una cosa que llena una espuerta.	*Sacaron del hoyo más de veinte esportadas de tierra.*
Estática:	Parte de la mecánica que estudia el equilibrio de las fuerzas. Quieta.	*La estática y la dinámica son partes de la mecánica general. Se quedó estática.*

	SIGNIFICADO	EJEMPLOS
Contexto:	Entorno.	*Las palabras tienen diversos significados, según el contexto en que se empleen.*
Excava:	Tercera persona singular presente de indicativo y segunda singular de imperativo de «excavar».	*Se excava en las ruinas de Itálica en busca de nuevos hallazgos arqueológicos.*
Exclusa:	Participio pasivo irregular de «excluir».	*¿Ha quedado inclusa o exclusa esta parcela en el plan de remodelación del barrio?*
Exotérico:	Común, comprensible para todos.	*Los mandamientos dados por Jehová a Moisés entran en el campo de lo exotérico.*
Expiar:	Purgar o pagar una culpa.	*El reo expía su crimen en el penal de Ocaña.*
Expira:	Tercera persona singular del presente de indicativo y segunda singular de imperativo de «expirar».	*Después de tantos dolores y sufrimientos expira lentamente.*
Expirar:	Morir.	*El enfermo acabó de expirar en ese momento.*
Explique:	Primera y tercera personas del singular del presente de subjuntivo de «explicar».	*Como no se explique usted más claro, no hay modo de entender lo que dice.*
Expolio:	Primera persona singular del presente de indicativo de «expoliar». Despojo.	*A la muerte del conde se produjo un auténtico expolio de los cuadros de su pinacoteca.*
Exportada:	Participio femenino de «exportar».	*La fruta exportada por España supera las cantidades previstas.*
Extática:	En éxtasis, en estado de arrobamiento místico.	*Santa Teresa de Jesús permanecía extática muchos momentos en el transcurso de sus oraciones.*

S

	SIGNIFICADO	EJEMPLOS
Estirpe:	Raíz o linaje de una familia.	*El pretendiente al trono era de estirpe real.*
Seso:	Cerebro, cordura.	*Don Quijote perdió el seso a causa de la lectura de libros de caballería.*
Testo:	Primera persona singular del presente de indicativo de «testar».	*No testo, si no viene el notario que he solicitado.*
Voseo:	Uso de «vos» en lugar de «tú», en Hispanoamérica.	*El voseo se halla extendido por toda la Argentina.*

SE ESCRIBEN

Conmistión:	Mezcla de cosas diversas.
Conmisto:	Mezclado o unido con otra persona o cosa.
Escoriación	
Escoriar	
Mistela:	Bebida alcohólica.
Mistificación:	Acción de mistificar.
Mistificador:	Que mistifica.
Mistificar:	Engañar, falsear, embaucar.
Mistura	
Misturar	
Misturero	

[3] Se prefiere la forma que lleva la definición.

	SIGNIFICADO	EJEMPLOS
Extirpe:	Primera y tercera personas del singular del presente de subjuntivo y tercera singular del imperativo de «extirpar».	*Ha ido al otorrinolaringólogo, para que le extirpe las amígdalas.*
Sexo:	Factores orgánicos que distinguen al macho de la hembra.	*Los derechos del hombre y la mujer son iguales, sin discriminación por el sexo.*
Texto:	Contenido de un libro, libro de texto.	*El texto de Ciencias Naturales es muy claro.*
Boxeo:	Un deporte.	*No me gusta el boxeo; creo que es un deporte muy brutal.*

INDISTINTAMENTE[3]

Conmixtión

Conmixto

Excoriación: Acción y efecto de excoriar.

Excoriar: Gastar, arrancar o corroer el cutis o el epitelio, quedando la carne al descubierto.

Mixtela

Mixtificación

Mixtificador

Mixtificar

Mixtura: Mezcla.

Mixturar: Mezclar.

Mixturero: Que mixtura.

I

Representa
el fonema vocálico

/i/

1. Normas fundamentales

1.1. Con valor vocálico, al final de palabra, se emplea:

- ***I*, si ésta va acentuada:**

a) Bien precedida de sonido consonántico:

ajonjolí	*baladí*	*colibrí*	*lorquí*[4]	*pitiminí*
alhelí	*berbiquí*[4]	*gilí*	*maní*	*rabí*
allí	*bisturí*	*guaraní*	*maravedí*	*rubí*
aquí[4]	*borceguí*[4]	*hurí*	*marroquí*[4]	*tahalí*
así	*carmesí*	*iraní*	*otrosí*	*turquí*[4]
baharí	*ceutí*	*jabalí*	*pirulí*	*zahorí*

Naturalmente están incluidas en esta regla las formas verbales correspondientes a la primera persona del singular del pretérito indefinido de los verbos regulares de la segunda y tercera conjugación:

bebí, cedí, metí, pedí, salí, zurcí, ...

b) O la *I* final acentuada que vaya precedida de otra vocal, forme o no diptongo con ella. En tal caso se encuentran las formas verbales de la primera persona del singular del pretérito indefinido de buen número de verbos de la segunda y tercera conjugación:

argüí, atribuí, constituí, contribuí, distribuí, estatuí, fui[5],
huí, influí, leí, recaí, retribuí, roí, sustituí, ...

(continúa en pág. 112)

[4] No se tiene en cuenta la *u*, puesto que es muda.

[5] No lleva acento gráfico, por ser monosílabo (R.A.E.: «Nuevas normas...», *ob. cit.*, norma 15.ª).

Representa

el fonema vocálico y la consonante palatal sonora

/i/ /y/

1.1. Con valor vocálico, al final de palabra, se emplea:

- ***Y*, si va precedida de vocal:**

a) En los monosílabos:

¡ay!, bey, buey, doy[6], *fray, guay, hay*[6]
hoy, ¡huy!, ley, rey, soy[6], *voy*[6]

b) Formando los diptongos agudos */ái/, /éi/, /ói/:*

Bombay, caray, guirigay, nanay, paipay, Paragüay, samuray, verdegay, carey, jersey, virrey, Alcoy, convoy, estoy[6], *Godoy, rentoy*

- **También yóquey, aunque no sea aguda**[7].

c) Las palabras acabadas en */úi/:*

Ardanuy, Bernuy, Espeluy

1.3. Cuando es conjunción copulativa:

Pedro y Pablo, pan y chocolate, dignísimo y eminentísimo señor

OBSERVACIONES:

- Si el segundo de los vocablos que une la conjunción copulativa aditiva comienza por *I*, no debe usarse *Y*, sino *E*:

Pedro e Isabel, burlón e irreverente, falso e ilegal

(continúa en pág. 113)

[6] Formas verbales.
[7] También se dice «yoqui».

I

También *ahí*, ya que la *h* es muda, y *benjuí*.

EXCEPTO: ———

1.2. En principio de palabra, seguida de consonante:

ibérico	*ibicenco*	*iceberg*	*iconoclasta*	*idea*
idilio	*iglesia*	*ignominia*	*ijada*	*ijar*
ilación	*ileso*	*imán*	*impugnar*	*invento*
inyectar	*iñiguista*	*ipecacuana*	*ípsilon*	*iquiqueño*
ira	*irisación*	*irradiar*	*irreflexivo*	*isótopo*
istmo	*iteración*	*itinerario*	*izar*	*izquierda*

Y

→ **muy**

• Los sustantivos acabados en *Y* forman el plural añadiendo el morfema -*es* y mantienen la *Y*:

ayes (sustantivada), *bueyes, convoyes, leyes, reyes, virreyes*

Otros cambian *Y* por *I* en el plural:

guirigáis, paipáis, rentóis, samuráis, yóqueis (o *yoquis*, del singular *yoqui*)

Otros carecen de plural

Representa un fonema palatal lateral fricativo sonoro

> En extensas zonas de España y de la América hispana, gran número de hablantes confunden ambos fonemas, pronunciando *LL* como *Y*. A este fenómeno se le da el nombre de *yeísmo* y es la causa de que surjan dudas sobre el uso de una u otra grafía.

2. Otras normas

2.5. Los sufijos con valor diminutivo o apreciativo:

- **-Illa:** *chatilla, chiquilla, muñequilla, pesetilla, ...*
- **-Illo:** *gatillo, librillo, pajarillo, tornillo, ...*

Las palabras que, aunque no tengan el significado que se cita en 2.5, terminan en:

- **-Illa:**

anilla	*ardilla*	*bombilla*	*camilla*	*cartilla*
cerilla	*lamparilla*	*manzanilla*	*morcilla*	*parrilla*
perilla	*presilla*	*quilla*	*sencilla*	*Sevilla*
silla	*toquilla*	*tortilla*	*vajilla*	*villa*

- **-Illo:**

anillo	*barquillo*	*bolsillo*	*castillo*	*caudillo*
cepillo	*colmillo*	*cuchillo*	*dobladillo*	*grillo*
hornillo	*ladrillo*	*mantillo*	*martillo*	*pasillo*
solomillo	*soplillo*	*tomillo*	*tresillo*	*trillo*

2.6. Casi todas las palabras que derivan de vocablos latinos, que en la lengua madre comenzaban por los grupos consonánticos *Cl, Fl, Pl,* los cuales, al palatalizarse, dieron *Ll* en castellano:

llaga (plaga)	*llama* (flamma)	*llamar* (clamare)
llano (planus)	*llantén* (plantago-áginis)	*llanto* (planctus)
llave (clavis)	*llavero* (clavarius)	*llegar* (plicare)
lleno (plenus)	*llorar* (plorare)	*lluvia* (pluvia)

Transcribe un fonema prepalatal fricativo o africado sonoro

1. Normas fundamentales

La R.A.E. no da ninguna regla específica.
Sin embargo, la práctica aconseja otras normas.

2. Otras normas

2.1. Se escriben con *Y* las formas de los verbos que tengan este sonido y no lleven *Y*, ni *LL*, en el infinitivo:

argüir: *arguyo, arguyáis, arguyéramos, arguyeron, ...*
caer: *cayeron, cayésemos, cayeres, cayó, ...*
concluir: *concluyó, concluyen, concluyeras, ...*
creer: *creyeron, creyese, creyéramos, creyó, ...*
errar: *yerro, yerras, yerra, yerren, ...*
haber: *haya, hayamos, hayáis, hayan, ...*
huir: *huyo, huyéramos, huyamos, huyan, ...*
influir: *influyeses, influyere, influyó, influyendo, ...*
ir: *vaya, vayamos, vayáis, yendo, ...*
oír: *oyó, oyéramos, oyésemos, oyendo, ...*
poseer: *poseyó, poseyeran, poseyese, poseyendo, ...*
raer: *rayeron, rayéramos, rayereis, rayendo, ...*
roer: *royó, royere, royéramos, royendo, ...*

2.2. Después de los prefijos:

- **Ad-:** *adyacente, adyuntivo, adyuvante, ...*
- **Dis-:** *disyunción, disyuntiva, disyuntor, ...*
- **Sub-:** *subyugable, subyugador, subyugar, ...*

2.3. Formando la sílaba **yec:**

abyección	*abyecto*	*inyección*	*inyectable*	*inyectar*
proyección	*proyectil*	*proyecto*	*trayecto*	*trayectoria*

2.4. Las palabras que comienzan por **yer:**

yermar *yermo* *yerno* *yero* *yerto*

3. Palabras homófonas

	SIGNIFICADO	EJEMPLOS
Arrollo:	Primera persona singular del presente de indicativo de «arrollar».	*Yo arrollo lo que se me ponga por delante.*
Bolla:	Tercera persona singular del presente indicativo y segunda singular del imperativo de «bollar».	*Bolla el tejido con el sello de la fábrica.*
Bollero:	Que hace o vende bollos.	*El bollero mete la masa en el horno.*
Callado:	Participio de «callar».	*Permanecí callado una hora.*
Callo:	Dureza de la piel. Primera persona singular presente indicativo de «callar».	*Tengo un callo en el pie. Callo lo que me conviene.*
Calló:	Tercera persona singular del pretérito indefinido de «callar».	*A falta de razones, se calló y no volvió a despegar el pico.*
Desmallar:	Deshacer una malla.	*Tendrán que desmallar la red.*
Falla:	Defecto, quiebra.	*El terremoto produjo una falla profunda en el terreno.*
Gallo:	Macho de la gallina.	*Se quedó como el gallo de Morón.*
Halla:	Tercera persona singular del presente de indicativo y segunda singular del imperativo de «hallar».	*Andalucía se halla situada en el sur de España. No halla dónde ponerse.*

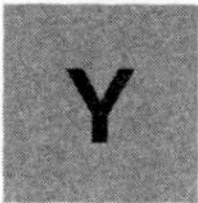

	SIGNIFICADO	EJEMPLOS
Arroyo:	Río pequeño.	*Las aguas del arroyo arrollaron las plantas del jardín.*
Boya:	Cuerpo flotante sujeto al fondo, que sirve de señal.	*El yate dobló por estribor la boya que había al final del puerto.*
Boyero:	Que conduce o vende bueyes.	*El boyero guiaba la carreta.*
Cayado:	Bastón, báculo, garrote.	*Le dio un golpe en la cabeza con el cayado.*
Cayo:	Nombre propio de origen latino. Voz antillana para designar cualquiera de las islas arenosas y anegadizas frecuentes en el mar de las Antillas y en el golfo de Méjico.	*Cayo Valerio Marcial. El fuerte de Cayo Hueso.*
Cayó:	Tercera persona singular del pretérito indefinido de «caer».	*Tropezó y cayó en un hoyo.*
Desmayar:	Perder el valor o el conocimiento.	*Nadó durante una hora sin desmayar.*
Faya:	Especie de tela.	*Se hizo una falda de faya.*
Gayo:	Alegre, vistoso (muy poco usado, sólo literariamente).	*Lucía un gayo sombrero de multicolor plumaje.*
Haya:	Árbol, madera del mismo. Primera y tercera personas del singular del presente de subjuntivo de «haber».	*Tengo un tonel de madera de haya. El que haya visto al ladrón, que trate de identificarlo.*
Aya:	Mujer que cuida de los niños en una casa.	*Por mediación de su aya, Julieta se pudo entrevistar con Romeo.*

	SIGNIFICADO	EJEMPLOS
Halles:	Segunda persona singular del presente de indicativo de «hallar».	*¡Ojalá halles sana a tu madre cuando llegues!*
Hallo:	Primera persona singular del presente indicativo de «hallar».	*No hallo paz, ni sosiego, en este mundo dislocado.*
Hollejo:	Piel de algunas frutas o legumbres.	*Al cocer demasiado se ha desprendido el hollejo de las lentejas.*
Hulla:	Clase de carbón.	*La hulla es más antigua que el lignito.*
Llanta:	Pieza que forma parte de las ruedas de automóviles, bicicletas, etc.	*La bicicleta tenía llantas de aluminio, para que pesase poco.*
Llanto:	Derramamiento de lágrimas.	*Tenía los ojos enrojecidos por el llanto.*
Olla:	Vasija para usos culinarios.	*Sacó los chorizos de una gran olla.*
Ollera:	Que hace o vende ollas.	*El barro iba adquiriendo forma en las manos de la ollera.*
Pollo:	Cría de la gallina.	*Comieron arroz con pollo.*
Pulla:	Expresión ingeniosa o aguda.	*Todo el discurso fue una continua pulla.*
Ralla:	Tercera persona singular del presente de indicativo y segunda del singular del imperativo de «rallar».	*Ralla la pared para quitarle la pintura.*

	SIGNIFICADO	EJEMPLOS
Ayes:	Quejidos, lamentos.	*En aquella casa sólo se oían ayes y lamentos.*
Ayo:	Preceptor.	*La conjura para envenenar al príncipe fue descubierta por su ayo.*
Hoyejo:	Hoyo pequeño.	*Hicieron un hoyejo en el suelo para jugar a las bolas.*
Huya:	Primera y tercera personas del singular del presente de subjuntivo y tercera del singular del imperativo de «huir».	*Huya usted por esa bocacalle y no se deje atrapar.*
Yanta:	Tercera persona singular del presente de indicativo y segunda singular de imperativo de «yantar».	*Si bien yanta, poco le duele la garganta.*
Yanto:	Primera persona singular del presente de indicativo de «yantar».	*Me yanto un par de perdices en un santiamén.*
Hoya:	Hoyo grande, sepultura.	*Al final, todos vamos a parar a la hoya.*
Oyera:	Primera y tercera personas del singular de pretérito imperfecto de subjuntivo de «oír».	*¡Cómo es posible que no oyera usted a los ladrones!*
Poyo:	Especie de banco de piedra.	*Se sentaron en el poyo de la puerta.*
Puya:	Punta de la garrocha.	*El toro tomó sólo una puya.*
Raya:	Tercera persona singular del presente de indicativo y segunda del singular de imperativo de «rayar». Señal larga y estrecha. Límite. Pez marino.	*Raya el papel para que salga derecha la escritura. Tenía un vestido a rayas. No te pases de la raya. Me gusta la raya a la plancha.*

	SIGNIFICADO	EJEMPLOS
Rallar:	Raspar algo para desmenuzarlo.	*Tienes que rallar pan para las albóndigas.*
Rallo:	Primera persona singular del presente de indicativo de «rallar».	*Primeramente rallo el tomate y luego lo frío.*
Rollo:	Objeto de forma cilíndrica, discurso pesado, etc.	*Traía un rollo de papel. ¡Qué rollo nos ha soltado el conferenciante!*
Tulla:	Primera y tercera personas del singular del presente de subjuntivo y tercera singular del imperativo de «tullir».	*Si no se levanta de la cama y hace ejercicios es posible que se tulla.*
Valla:	Empalizada, cerca.	*Han puesto una valla de alambre de espino alrededor de la finca.*

SE ESCRIBEN

Pallador: Cantor popular errante

	SIGNIFICADO	EJEMPLOS
Rayar:	Hacer rayas.	*Puedes rayar el folio.*
Rayo:	Haz de luz.	*El olmo viejo, hendido por el rayo.*
Royo:	Rubio, rojo.	*La fruta inmadura tiene un color royo.*
Tuya:	Posesivo de segunda persona.	*La responsabilidad es exclusivamente tuya.*
Vaya:	Primera y tercera personas del singular del presente de subjuntivo y tercera singular del imperativo de «ir».	*Dile que se vaya al cuerno. Vaya donde vaya, no se separa de mí.*

INDISTINTAMENTE

en Argentina, Chile y Perú **Payador:**

Grupos consonánticos

La pronunciación del grupo *Ps* resulta un tanto extraña en castellano, muy especialmente cuando va en posición inicial de palabra.

Consciente de ello, la R.A.E. ha ido autorizando paulatina, aunque lentamente, la reducción del grupo a *S*, con la consiguiente pérdida de *P*.

Ya en el *Diccionario de Autoridades*, publicado en 1739, encontramos en su tomo sexto, página 26, las formas *salmo*, *salmista* y sus derivados, junto a las más usuales *psalmo*, *psalmista*, etc.

En el siglo XIX ya se escribía *seudo*, *seudónimo*, *seudópodo*, con preferencia a *pseudo*, *pseudónimo* y *pseudópodo*.

Finalmente, teniendo en cuenta las Nuevas normas ortográficas y el *Diccionario de la Lengua española*, de la R.A.E., en su vigésima y última edición de 1984, podemos decir que:

- **En principio de palabra puede reducirse o no el grupo:**

pseudo - seudo
psicodélico - sicodélico
psicogénico - sicogénico
psicópata - sicópata
psicosomático - sicosomático
psique - sique

psicastenia - sicastenia
psicodrama - sicodrama
psicología - sicología
psicopatología - sicopatología
psicotecnia - sicotecnia
psiquiatra - siquiatra

psicoanálisis - sicoanálisis
psicofísico - sicofísico
psicólogo - sicólogo
psicosis - sicosis
psicoterapia - sicoterapia
psíquico - síquico

OBSERVACIONES:

a) La R.A.E. prefiere las formas con *Ps*, más acordes con la etimología de las palabras.

b) Los vocablos *seudohermafrodita*, *seudohermafroditismo*, *seudónimo* y *seudópodo* aparecen registrados en el *Diccionario* únicamente con la forma simplificada, es decir, sin *P*.

c) *Sicosis* tiene dos formas homónimas, una derivada del griego «psique» (alma), «nombre general que se aplica a todas las enfermedades mentales»; otra del griego «sikon» (higo), «enfermedad inflamatoria de la piel...».

En este caso es conveniente usar la forma *psicosis* cuando se trate de expresar el primero de los significados, evitándose de este modo la posible confusión.

- **En posición interior tiende más a conservarse:**

asepsia *autopsia* *biopsia* *catalepsia*

aunque haya casos en que se reduce el grupo:

parasicología

- **Al final se mantiene:**

bíceps *corps* *fórceps* *tríceps*

1. **En principio de palabra:**
   - Se conserva el grupo en:

     pterodáctilo y *ptosis*

   - Puede reducirse, con alternancia de las dos formas, en:

     pteridofito-a/teridofito-a

2. **En posición interior:**
   - Sólo se aceptan las alternancias:

     septena - setena, septenario - setenario, septiembre - setiembre, séptimo - sétimo

   - Manteniéndose en los demás casos:

     abrupto, aceptar, áptero, apto, cataléptico, coleóptero, copto, optar, óptimo, tríptico, ...

1. En posición inicial:

- Se mantiene el grupo *gn* en:

gnoseología y *gnoseológico*

- Pueden adoptar las dos formas:

gneis - neis, gnómico - nómico, gnomo - nomo, gnomon - nomon, gnomónico - nomónico, gnosticismo - nosticismo, gnóstico - nóstico

2. En medio de palabra:

- Se conserva el grupo:

agnóstico, benigno, cognoscible, diagnóstico, incógnita, maligno, magnate, prognatismo, prognato, prognosis, signo

1. En posición inicial:

- Puede simplificarse, aunque se mantienen las formas tradicionales:

mnemónico - nemónico, mnemotecnia - nemotecnia, mnemotécnico - nemotécnico

2. En posición intermedia:

- Se mantiene el grupo:

amnesia, amnésico, amnistía, columna, himno, ...

- Pero se aceptan dos formas para:

somnambulismo - sonambulismo y *somnámbulo - sonámbulo*

Grupos vocálicos

Desde muy antiguo, la R.A.E. aceptó las formas:

guardaguas, guardagujas, paraguas y *quitaguas*

en vez de:

guardaaguas, guardaagujas, paraaguas y *quitaaguas*

desapareciendo estas últimas del *Diccionario.*

A partir de 1970 admite *albaca* junto a *albahaca.* Ambas pueden utilizarse y figuran en la última edición del *Diccionario.*

Asimismo, admite *contralmirante* por *contraalmirante,* aunque prefiere el uso de la segunda.

En cambio, se mantiene *aa,* sin reducir, en el resto de los vocablos en que deben aparecer:

contraamura, contraarmadura, contraatacante, contraatacar, contraataque, contraaviso, contrahacer, contrahaz, ...

1. Palabras compuestas por el prefijo *re-*+un vocablo que comience por *e* o *he*. Han tenido distintos tratamientos:

• En el *Dicionario de Autoridades,* de 1737, en su tomo quinto, encontramos ya *rempujar, rempujón, rescribir, rescripto* (posteriormente *rescrito*), *restablecer, restallar* y *restañar,* en las que el grupo *ee* se ha simplificado en *e.*

• Posteriormente, en el siglo XIX, se van introduciendo las formas:

rendija	*reprender* y sus derivados	*renvalsar* y *renvalso*
rehendija[8]	*reprehender*[8]	*reenvalsar*[9] y *reenvalso*[9]

[8] Se mantiene esta forma en la edición del *Diccionario de la Academia,* de 1984.
[9] No aparece en la última edición del *Diccionario* citado anteriormente.

• En *Nuevas normas de Prosodia y Ortografía* (1952), la R.A.E. admite las formas contractas *rembolsar, rembolso, remplazar* y *remplazo*, junto a las ya registradas con doble *e, reembolsar, reembolso, reemplazar* y *reemplazo* (norma 6.ª).

• Deberán escribirse con *ee* las restantes palabras:

reedificación	*reedificador*	*reedificar*	*reeditar*	*reeducación*
reeducar	*reelección*	*reelecto*	*reelegible*	*reelegir*
reembarcar	*reencarnación*	*reencarnar*	*reencontrar*	*reenganchar*
reengendrar	*reensayar*	*reenviar*	*reestrenar*	*reestreno*
reestructuración	*reestructurar*	*reexpedición*	*reexpedir*	*reexportar*

2. Palabras compuestas por *sobre-*+vocablo que comience por *e*:

• No se escriben con doble *e*, cuya forma ha desaparecido, sino con una sola *e*, las siguientes palabras: *sobrestante* (ya en el *Diccionario de Autoridades*), *sobrescribir, sobrescripto* y *obrescrito* (desde 1803); *sobrestimar* (a partir de 1970).

• En el *Diccionario* de la R.A.E. de 1984 aparecen:

—con *ee* solamente:

sobreedificar y *sobreempeine*

—con dos formas:

sobreentender	*sobreesdrújulo*	*sobreexceder*
sobrentender	*sobresdrújulo*	*sobrexceder*

sobreexcitación	*sobreexcitar*
sobrexcitación	*sobrexcitar*

3. Compuestos con el prefijo *pre-*:

• No tienen simplificación de la doble *e*:

preelegir, preeminencia, preeminente, preestablecido, preexcelso, preexistencia, preexistente, preexistir

- Existe reducción en *claroscuro* (por *clarooscuro*).
- Se mantiene *oo* en los demás casos:

cooperación	*cooperador*	*cooperar*	*cooperario*
cooperativa	*cooperativismo*	*cooperativista*	*coopositor*
coordenada	*coordinación*	*coordinante*	*coordinador*
coordinantemente	*coordinar*	*coordinativo*	

- Se conserva o se simplifica en *o*, conservándose ambas formas, en:

checoeslovaco - checoslovaco y *yugoeslavo - yugoslavo*

- Se mantiene el grupo *oe* o se transforma en *e* en los siguientes casos:

medioevo - medievo y *medioeval - medieval*

- No sufre alteración en los demás casos:

radioelectricidad, radioeléctrico, radioescucha, ...

- Se conserva el grupo en:

radioaficionado y *radioastronomía*

- Se simplifica en *a* en:

radiactividad y *radiactivo*

(No se registran en el *Diccionario* las formas *radioactividad*, ni *radioactivo*.)

5

Principios de Fonología y Fonética

Sabido es que la lengua española presenta importantes diferencias de pronunciación, no sólo entre los diversos países en que se habla, sino entre las regiones de un mismo país, y frecuentemente entre las comarcas y lugares de una misma región. Estas diferencias son entre las diversas regiones de España más hondas y abundantes que entre las naciones hispanoamericanas. En regiones bilingües, como Cataluña, Valencia, Galicia y Vasconia, la pronunciación española aparece ordinariamente muy influida por la fonética propia del habla de cada región; en Aragón, Navarra, Asturias, León y Extremadura aparecen asimismo incorporados a la pronunciación normal muchos rasgos fonéticos de los dialectos que en otro tiempo dominaron en estas provincias; y en Andalucía, la permanencia de algunos sonidos perdidos en castellano, el desarrollo de ciertas transformaciones fonéticas que, aunque de carácter general, no han llegado a un punto de evolución tan avanzado en las demás provincias, y, en fin, ciertos elementos peculiares de dicha región, dan a la pronunciación andaluza una fisonomía propia y característica...

...Las ideas más corrientes en España sobre esta materia (pronunciación) se reducen a una fórmula pueril, que consiste en creer que la lengua española se pronuncia como se escribe.

TOMÁS NAVARRO TOMÁS[1]

[1] TOMÁS NAVARRO TOMÁS. *Manual de pronunciación española*. Consejo Superior de Investigaciones Científicas. Instituto «Miguel de Cervantes». Publicaciones de la *Revista de Filología Española*. 6.ª ed. Madrid, 1950, págs. 5-6 y 10.

La lectura del fragmento anterior nos da a entender que en castellano (como en cualquier otro idioma) existe una pronunciación que pudiéramos llamar «ideal», que no coincide exactamente con la «real», pues una serie de fenómenos diversos inciden sobre la realización normal de la «lengua» y hacen que aparezcan rasgos distintivos en cada una de las actuaciones particulares del «habla».

Por otra parte, pone de relieve el hecho de la falsedad muy extendida de que el español, o castellano, se escribe igual que se pronuncia.

Es frecuente la opinión entre la gente común de que el francés, inglés, etc., se escriben de una manera y se pronuncian de otra (o al contrario), pero que esto no sucede en nuestra lengua.

Nada más erróneo. En *guerra* y *quema* no se pronuncia la *u*, pero sí se escribe; lo mismo sucede con la *h* de *hueso* e *inhábil;* en *gitano* o *jitano* hay una sola pronunciación y dos grafías; en *caza* y *cace*, *z* y *c* se dicen lo mismo, como *r* y *rr* en *Enrique* y *perro*. Así, podríamos citar infinidad de ejemplos.

Abundando en lo que se dice en la lectura, analicemos lo que sucede al pronunciar una palabra.

El vocablo *«churro»* consta de cuatro fonemas *(ch-u-rr-o)*, cuya pronunciación ideal tenemos en nuestra mente, pero sucede que, puesto en boca de un gallego, un burgalés, un valenciano, un manchego y un malagueño, por ejemplo, resultarán cinco realizaciones distintas. Los fonemas son idénticos para todos, pero los sonidos no son los mismos.

Esto nos lleva a hacer una distinción entre *fonemas* y *sonidos*.

• Fonemas

Son imágenes mentales que tenemos de los sonidos.

• Sonidos

Son las realizaciones prácticas, individuales, de dichos fonemas.

Podemos establecer un paralelismo con otros conceptos lingüísticos anteriormente tratados.

El fonema pertenece al plano formal, lo mismo que la lengua. El sonido, al plano material, igual que el habla.

Del estudio de éstos se ocupan dos ramas de la Gramática, aunque hay quienes las consideran como ciencias aparte de la misma.

• **Fonología**

Es una rama de la Gramática, puramente teórica, que *se ocupa del estudio de los fonemas.*

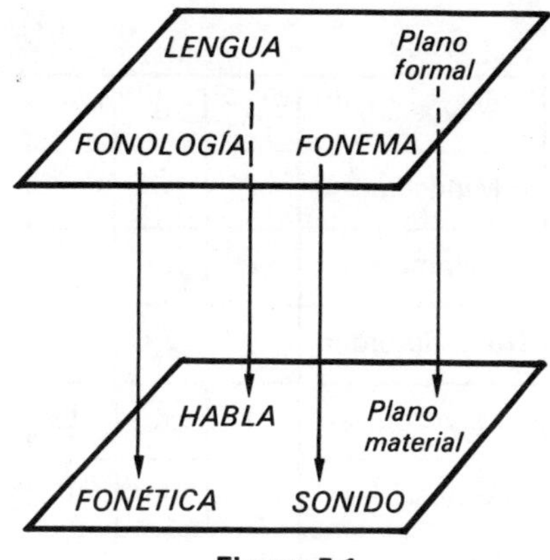

Figura 5.1

• **Fonética**

Es una parte práctica o experimental de la Gramatica que *versa sobre los sonidos.*

• **Grafías o letras**

Cuando tratamos de pasar de la lengua hablada a la escrita, se hace necesario transcribir los fonemas por medio de *grafías*, a las que damos el nombre de *letras.*

Letras serán, pues, *cada uno de los signos o figuras con que se representan los sonidos y articulaciones de un idioma.*

Unas y otros no se corresponden entre sí exactamente, pues mientras hay sonidos transcritos por más de una letra (po*ll*o-po*y*o; *z*apato-*c*ebolla; *k*ilo-*q*uilo; *j*amás-*g*emelo; *b*ueno-*v*uelta-*W*agner; *r*osa-sa*rr*o), existe una letra que carece de fonema, y, por tanto, de sonido, la *h*, de la que decimos que es *muda* (*h*ombre) y otra que representa a dos fonemas, la *x* (=*ks*; E*x*tremadura =E*ks*tremadura).

• **Abecedario**

El conjunto de grafías o letras utilizadas en un idioma recibe el nombre de abecedario o alfabeto.

Nosotros, personalmente, preferimos la denominación de *abecedario*, dejando la de *alfabeto* para designar otros conceptos, tales como *alfabeto fonético*, que es el *conjunto de signos utilizado por los lingüistas para transcribir con precisión los sonidos;* alfabeto Morse, etc.

• **Abecedario español**

Consta de las veintinueve letras siguientes:

CUADRO 5.1

Mayúsculas	A	B	C	Ch[2]	D	E	F	G	H	I[3]
Minúsculas	a	b	c	ch	d	e	f	g	h	i
Nombre	*a*	*be*	*ce*	*che*	*de*	*e*	*efe*	*ge*	*hache*	*i*
Núm. de orden	1.ª	2.ª	3.ª	4.ª	5.ª	6.ª	7.ª	8.ª	9.ª	10.ª
Mayúsculas	J	K	L	Ll[2]	M	N	Ñ	O	P	Q
Minúsculas	j	k	l	ll	m	n	ñ	o	p	q
Nombre	*jota*	*ka*	*ele*	*elle*	*eme*	*ene*	*eñe*	*o*	*pe*	*cu*
Núm. de orden	11.ª	12.ª	13.ª	14.ª	15.ª	16.ª	17.ª	18.ª	19.ª	20.ª
Mayúsculas	R	S	T	U	V	W	X	Y	Z	
Minúsculas	r	s	t	u	v	w	x	y	z	
Nombre	*ere* *y* *erre*	*ese*	*te*	*u*	*ve* *o* *uve*	*ve* *o uve* *doble*	*equis*	*ye*[4]	*zeda* *o* *zeta*	
Núm. de orden	21.ª	22.ª	23.ª	24.ª	25.ª	26.ª	27.ª	28.ª	29.ª	

• Ortología

Es una parte de la Fonética que *nos enseña a pronunciar con corrección.* Versa, por tanto, sobre el lenguaje oral.

• Ortografía

Es el *arte de escribir correctamente las palabras.*
Se refiere al lenguaje escrito.

[2] Cuando Ch o Ll, en posición inicial de palabra, han de escribirse con mayúscula, solamente llevará el carácter mayúsculo la primera de las letras: Chueca, China, Llorca, Llano (no CHueca, CHina, LLorca ni LLano).

[3] Existe una costumbre muy extendida de escribir la *i* mayúscula como *Y.* Así, veremos: Ysabel e Yndia (mal), en vez de Isabel e India (bien). Sólo suele ponerse en la escritura a mano, no en la impresa.

[4] También se denomina, con más frecuencia, *i* griega.

CUADRO 5.2

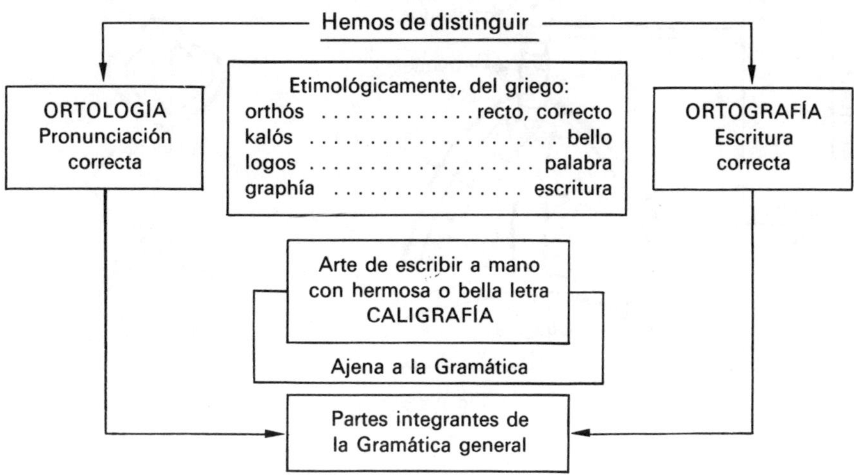

• El sonido articulado

Para la emisión de los sonidos articulados, el hombre está dotado de tres aparatos, que funcionan conjuntamente de forma parecida a como lo hace una bocina (véase Fig. 5.2).

Cada uno de ellos consta de varios órganos, cuya descripción detallamos a continuación:

a) Aparato respiratorio

Lo forman el *diafragma*, *pulmones*, *bronquios* y *tráquea* (Fig. 5.3).

El aire almacenado en los pulmones sale por los bronquios y la tráquea, al ser presionado por el diafragma.

b) Aparato fonador

Está localizado en la *laringe* y la *epiglotis* (Fig. 5.3).

La laringe, en cuyo centro se encuentran las *cuerdas vocales*, deja pasar a su través el aire. Éstas, que no son sino dos músculos gemelos, se separan más o menos, dejando una abertura, llamada *glotis*.

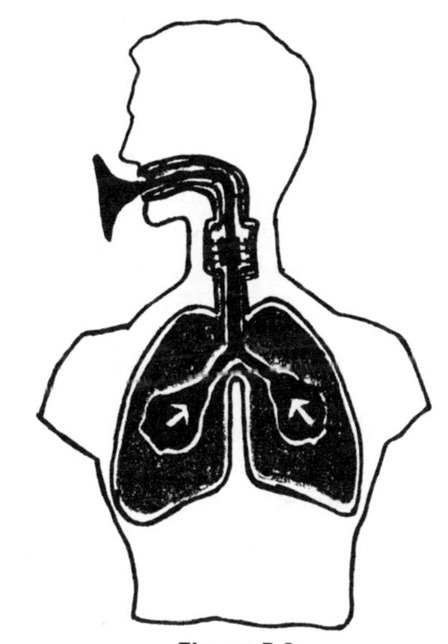

Figura 5.2

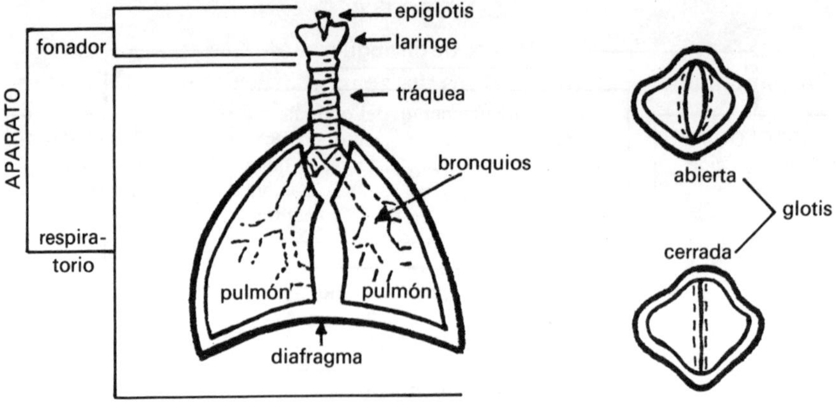

Figura 5.3

c) Aparato articulatorio

En él se articula ya el sonido, adquiriendo distintas modulaciones y variedades, al adoptar los órganos que lo forman diversas posiciones. Estos órganos son de dos clases:

- **Activos,** que se mueven: *labios, lengua, velo del paladar.*
- **Pasivos** o inmóviles, *los demás.*

Se reparten en tres cavidades: *faríngea, bucal* y *nasal.* (Véase la descripción gráfica de este aparato, Fig. 5.4.)

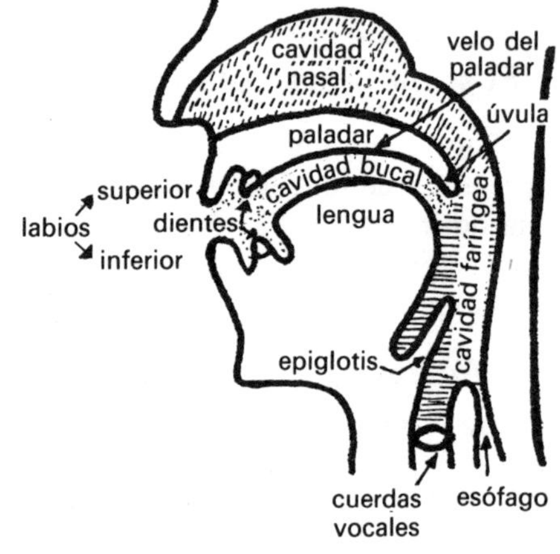

Figura 5.4. Aparato articulatorio.

• El sistema fonológico español

Consta de veintitrés fonemas, que se reparten en dos grupos:

1. Vocales

El aire emitido por los pulmones hace vibrar las cuerdas vocales, saliendo al exterior sin encontrar ningún obstáculo. Son:

a - e - i - o - u

2. Consonantes

Al pronunciarlas, ciertos órganos del aparato articulatorio (labios, dientes, lengua...) obstaculizan de algún modo la salida del aire. Son:

b - ch - d - f - g - j - k - l - ll - m - n - ñ - p - r - s - t - y - z

Por sí solas no pueden formar sílabas. Por ello necesitan de la ayuda o concurso de una vocal.

Cada fonema posee unas características propias, que se denominan rasgos pertinentes.

Desde el punto de vista fonológico, los fonemas se distinguen por su oposición, es decir, por la diferencia de rasgos que existe entre ellos.

• Vocales

1. Simples

Además de los rasgos mencionados anteriormente, por los cuales se oponen a las consonantes, las vocales, cuya disposición en la cavidad bucal representó Hellwag por un triángulo (véase Fig. 5.5), pueden oponerse entre sí:

- Por su localización: *anteriores* o *palatales*, *posteriores* o *velares* y *media*.
- Por la abertura de la boca, al adoptar la lengua distintas posiciones con relación al paladar y la mayor o menor cerrazón de los labios: *abiertas*, *medias* y *cerradas*.

En el gráfico puede apreciarse la distribución conjunta de todos estos rasgos (Fig. 5.6).

2. Agrupadas

• Diptongo

Es la reunión de dos vocales en una sola sílaba. Una de las vocales, al menos, ha de ser cerrada.

En castellano hay catorce diptongos. Éstos pueden ser *crecientes* o *decrecientes*, según que la primera de las vocales sea cerrada o no (Fig. 5.7).

• Hiato

Cuando dos vocales contiguas no forman una sílaba, decimos que *se encuentran en hiato*.

Esto sucede cuando la vocal cerrada es tónica: María, púa, acentúo.

i
u
e
o
a

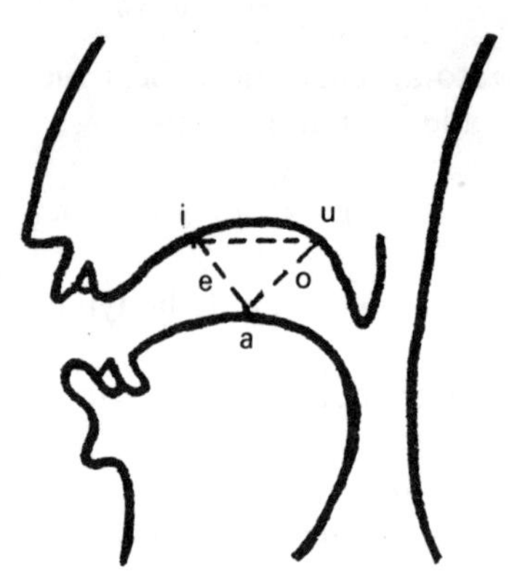

Figura 5.5. Triángulo de Hellwag.

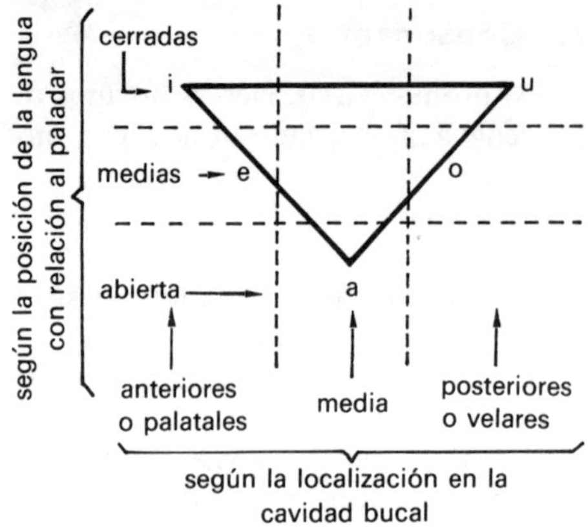

según la posición de la lengua con relación al paladar
cerradas
i
u
medias
e
o
abierta
a
anteriores o palatales
media
posteriores o velares
según la localización en la cavidad bucal

Figura 5.6

- **Triptongo**

Es la agrupación de tres vocales en una sola sílaba. Está formado por dos vocales cerradas y una no cerrada en medio de ellas: *iai* (asociáis), *iei* (estudiéis), *uai* (Paraguay), *uei* (apacigüéis, buey). Menos frecuentes son *iau* (miau) y *uau* (guau).

- **Consonantes**

Las consonantes españolas se caracterizan por un conjunto de rasgos que vienen definidos, bien por la manera de actuar las cuerdas vocales o el velo del paladar al salir el aire de los pulmones; bien por el modo de articulación, o teniendo en cuenta los órganos que modifican el sonido.

Vocal abierta o media
DECRECIENTES
DIPTONGOS
CRECIENTES
ai-au
ei-eu
oi-ou
ua-ia
ue-ie
uo-io
Vocal cerrada
iu-ui

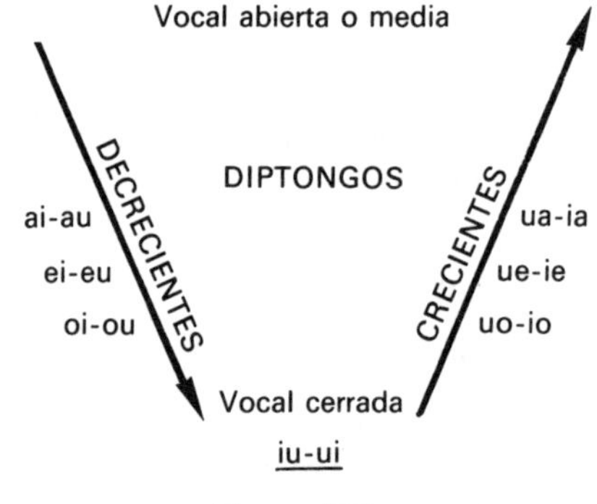

Figura 5.7

- **Clasificación de las consonantes españolas**

Según los rasgos que afectan a las consonantes, podemos agruparlas y clasificarlas del modo siguiente:

CUADRO 5.3

<table>
<tr><th colspan="4">Clasificación de las consonantes españolas</th></tr>
<tr><td rowspan="4">a) Por la manera de actuar</td><td rowspan="2">las cuerdas vocales</td><td>al salir el aire de los pulmones } no vibran</td><td>SORDAS</td></tr>
<tr><td>al salir el aire de los pulmones } vibran</td><td>SONORAS</td></tr>
<tr><td rowspan="2">el velo del paladar</td><td>impide { que el aire penetre por las fosas nasales</td><td>ORALES</td></tr>
<tr><td>permite { que el aire penetre por las fosas nasales</td><td>NASALES</td></tr>
<tr><td rowspan="5">b) Por el modo de articulación, es decir, teniendo en cuenta la manera de salir el aire a través del canal formado por los órganos de la fonación</td><td>Oclusivas</td><td>El aire, retenido momentáneamente, sale de golpe</td><td>P-T-K
B-D-G</td></tr>
<tr><td>Fricativas</td><td>El canal se estrecha y el aire sale rozando</td><td>V-F-Z
J-X</td></tr>
<tr><td>Africadas</td><td>Primeramente hay una oclusión del canal y luego una abertura suave, es decir, existe en la emisión de este sonido una fase oclusiva y otra fricativa</td><td>CH-Y</td></tr>
<tr><td>Laterales</td><td>El sonido se emite por los lados de la lengua</td><td>L</td></tr>
<tr><td>Vibrantes</td><td>Se realiza mediante una vibración de la lengua</td><td>R-RR</td></tr>
<tr><td rowspan="7">c) Según el punto de articulación, o sea, el lugar u órganos que intervienen en la emisión del sonido</td><td>Bilabiales</td><td>Intervienen ambos labios</td><td>P-B-M</td></tr>
<tr><td>Labiodentales</td><td>Actúan los incisivos superiores sobre el labio inferior</td><td>F</td></tr>
<tr><td>Interdentales</td><td>Se coloca la punta de la lengua entre los dientes superiores e inferiores</td><td>T-Z</td></tr>
<tr><td>Dentales</td><td>La punta de la lengua actúa sobre la parte interior de los incisivos</td><td>T-D</td></tr>
<tr><td>Alveolares</td><td>La punta de la lengua toca los alveolos de los dientes superiores</td><td>N-S-L</td></tr>
<tr><td>Palatales</td><td>La lengua toca el paladar</td><td>CH-Ñ-J-Y</td></tr>
<tr><td>Velares</td><td>La parte posterior de la lengua actúa sobre el velo del paladar</td><td>K-G-X</td></tr>
</table>

Conocidos los rasgos característicos de las consonantes, podemos agruparlas como se indica en el cuadro siguiente:

CUADRO 5.4

Punto de articulación ▶		Bilabiales		Labiodentales		Interdentales		Dentales		Alveolares		Palatales		Velares	
Modo de articulación ▼		sorda	sonora	sorda	sonora	sorda	sonora	sorda	sonora	sorda	sonora	sorda	sonora	sorda	sonora
ORALES	Oclusivas	p	b			ṭ		t	d					k	g
	Fricativas		ƀ	f		θ	ẓ đ d	ș	z̦	s	z l		y j	x	ǥ w
	Africadas											ĉ	ŷ		
	Laterales						ḷ		l̦		l		l̮		
	Vibrantes										r̄ r				
NASALES			m		m̭		ṇ		n̦		n		n̮		n̦

Para entenderlo bien es necesario consultar el alfabeto fonético que ponemos a continuación.

En él se da la transcripción correspondiente a cada consonante, según el alfabeto aceptado internacionalmente, de forma clara e inteligible.

• Alfabeto fonético de las consonantes en castellano

CUADRO 5.5

Grafía	Transcripción fonética	Punto y modo de articulación	Explicación	Ejemplos
B=V	b	bilabial oclusiva sonora	en posición inicial o interior en contacto con nasal	bueno, vino, lumbre, invicto
	ƀ	bilabial fricativa sonora	en posición interior, que no esté en contacto con nasal	lobo, árbol, uva

CUADRO 5.5 *(Cont.)*

Grafía	Transcripción fonética	Punto y modo de articulación	Explicación	Ejemplos
C=Z	θ	interdental fricativa sorda		cena, zona
CH	ĉ	palatal africada sorda		muchacho, chulo
D	d	dental oclusiva sonora	en posición inicial o en contacto con *N* o *L*	domingo, mundo, falda
	đ	dental fricativa sonora	cuando no esté en posición inicial o con *N* o *L*	lado, cuadro, perdón
	đ	variante débil	en los participios en *-ado* y, en general, en posición intervocálica final	cansado, abogado, recado, soldado
	đ̥	variante débil ensordecida	en posición final	bondad, Madrid
F	f	labiodental fricativa sorda		feliz, feo, gafe
G	g	velar oclusiva sonora		guerra
	ǥ	velar fricativa sonora		daga, carga
H	carece		es muda	humo
C-Q-K	k	velar oclusiva sorda		caso, kilo, queso
L	l	alveolar fricativa lateral sonora		ala, cola, isla, lame
	l̟	interdental lateral sonora	final de sílaba ante *Z*	alzar, ensalzo
	l̦	dental lateral sonora	final de sílaba ante *T-D* dentales	alto, caldo
LL	l̮	palatal lateral sonora		calle
M	m	bilabial nasal sonora		memo, mimar

CUADRO 5.5 *(Cont.)*

Grafía	Transcripción fonética	Punto y modo de articulación	Explicación	Ejemplos
N	m̭	labiodental nasal sonora	en contacto con una labiodental	enfermo
	n	alveolar nasal sonora		nada, tenemos
	ṇ	interdental nasal sonora	en contacto con interdental	once, onza
	n̦	dental nasal sonora	en contacto con dental	andar, prenda
	n̡	velar nasal sonora	en contacto con velar	tango, vengo
Ñ	n̮	palatal nasal sonora		uña, caña
P	p	bilabial oclusiva sorda		perro, capa, ropa
R	r	alveolar vibrante simple		pero, parada
	ɹ	alveolar fricativa	variante relajada que se confunde en algunos casos con *L* en la pronunciación vulgar	colol (color), decil (decir), embalgo (embargo)
	r̄	alveolar vibrante múltiple		carro, honra, jarra
S	s	alveolar fricativa sorda		casa, posar
	z	alveolar fricativa sonora		asno, asma
T	t	dental oclusiva sorda		tela, lata
X=J	x	velar fricativa sorda		caja, gitano, Méjico
Y	y	palatal fricativa sonora		rayo, cayó
	ŷ	palatal africada sonora		inyectar, cónyuge
Z	z̧	interdental fricativa sonora		hallazgo

- **Sílaba**

Muchas han sido las definiciones que se han dado de la sílaba, según los puntos de vista desde los cuales se haya considerado el estudio de la misma.

Trataremos de dar aquí una noción lo más clara posible, sin meternos en disquisiciones lingüísticas de más alto nivel, que escapan a la finalidad que nos proponemos en este texto.

Visto ya lo que es el fonema, observaremos que éste, por sí solo, no es sino una mínima unidad, que ha de integrarse progresivamente en otras de rango superior, para alcanzar la finalidad de la lengua, que es la comunicación.

Podemos decir, por tanto, que *sílaba es la unidad inmediatamente superior al fonema, en un nivel fonológico.*

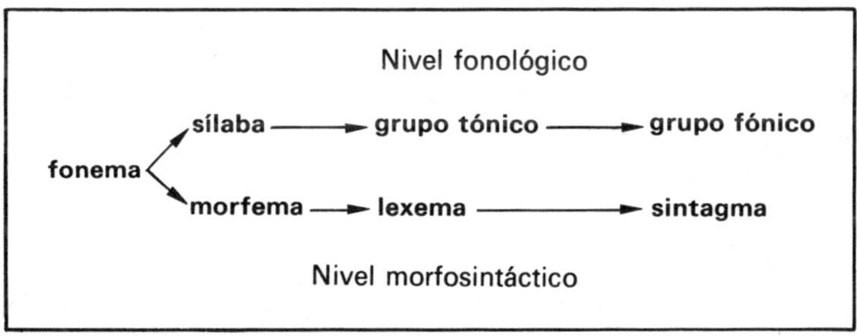

La sílaba consta de tres partes: *cima, cabeza* y *coda.*

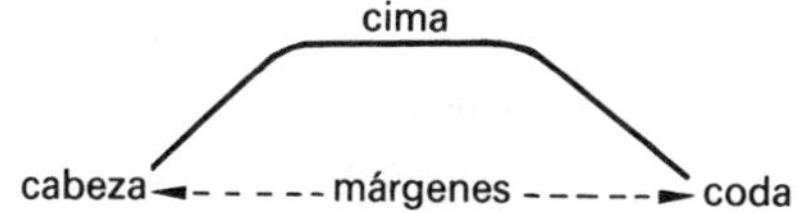

La cima es el elemento vocálico de la sílaba. Es *esencial* y no puede faltar, ya que constituye el núcleo de la misma.

No puede haber sílaba sin vocal

....

Las consonantes, por sí solas, sin vocal no pueden formar sílabas

La cima de una sílaba puede ser simple o compuesta, según esté formada por una o varias vocales. En este último caso, la vocal más perceptible se denomina *núcleo o vocal silábica*, las otras reciben el nombre de *vocales satélites o marginales*.

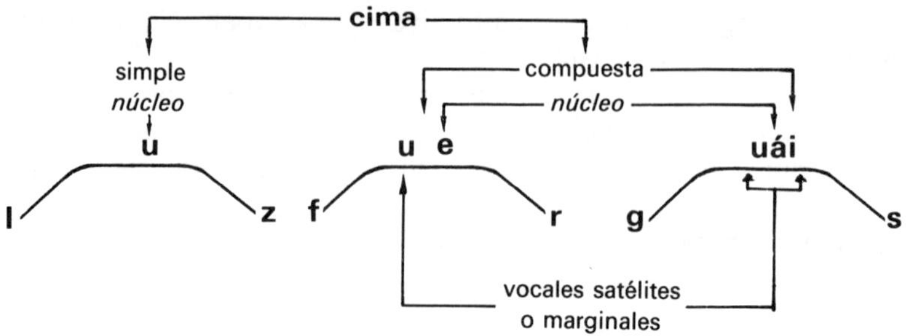

Las consonantes que preceden a la cima forman la *cabeza* de la sílaba. A las que la siguen se les denomina *coda*.

Las sílabas, según esto, pueden ser de cuatro clases:

Por otra parte,

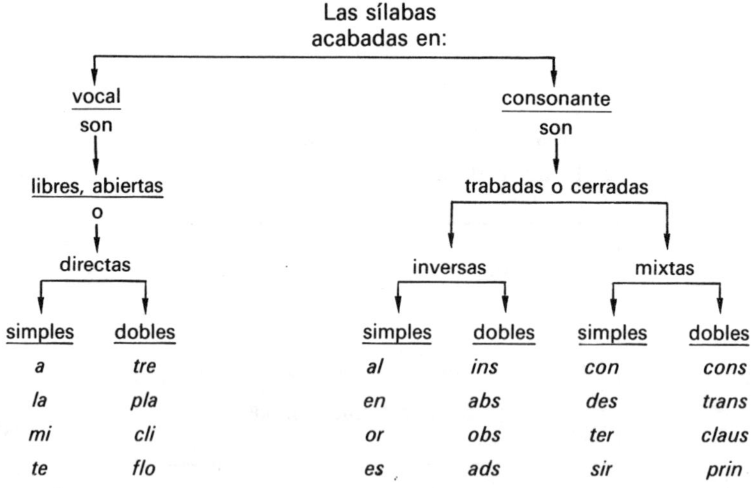

Al hablar fluyen las palabras de la boca como si formaran un chorro continuo de voz.

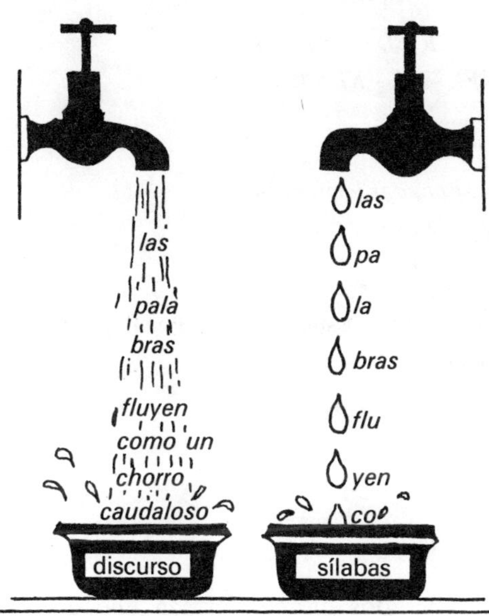

Figura 5.8

Pero si nos fijamos bien —para ello basta con hablar muy despacio—, nos daremos cuenta de que su pronunciación se lleva a cabo mediante una serie de unidades fonéticas entre cada una de las cuales hay una depresión, casi imperceptible, de la voz (no digamos descanso, ni pausa). A estas unidades fonéticas les damos el nombre de sílabas. Es algo así:

Según esto, podríamos definir el concepto de *sílaba* como el *sonido o sonidos articulados que constituyen un solo núcleo fónico entre dos depresiones sucesivas de la emisión de voz.*

Por el número de sílabas que tiene una palabra, ésta puede ser: monosílaba y polisílaba, según que esté formada por una o varias.

A su vez, las polisílabas se denominan bisílabas, trisílabas, tetrasílabas, pentasílabas, hexasílabas, etc., si tienen dos, tres, cuatro, cinco, seis sílabas, etc.

• División silábica de las palabras

Debemos poner mucho cuidado en la pronunciación de las sílabas, pero no hay que marcar excesivamente el silabeo en el habla, porque resultaría pesada y monótona.

Para dividir las palabras en sílabas hemos de tener en cuenta los siguientes principios:

1. Una sola consonante entre vocales

- Forma sílaba con la vocal siguiente:

pa-na, si-ma, ce-ro, lá-piz, pi-ró-ma-no,
sa-lu-do, bo-tón, ca-lor, za-pa-to, ...

2. Dos consonantes entre vocales

• Si las dos consonantes forman los grupos:

PR - BR - FR - TR - DR - KR - GR
o
PL - BL - FL - TL - KL - GL

se unen silábicamente con la vocal siguiente:

a-pris-co, co-li-brí, re-frán, a-tra-par, cua-dro,
a-cró-ni-mo, de-gra-dar, so-plar, ha-bla,
ca-mu-flar, a-tlas, de-cla-rar, po-lí-glo-ta

• En otro caso, la primera consonante forma sílaba con la vocal anterior y la segunda consonante con la posterior:

bom-ba, per-fu-me, ca-lum-nia, bal-cón, al-tu-ra,
som-ní-fe-ro, pan-ta-lón, con-ten-to, ...

3. Tres consonantes entre vocales

• Cuando de las tres consonantes las dos últimas forman uno de los grupos citados anteriormente, estas dos forman sílaba con la vocal posterior y la otra consonante con la anterior:

im-bri-car, in-fras-cri-to, im-pla-ca-ble, in-trin-car,
en-gra-sar, es-tra-go, es-truc-tu-ra

• En otro caso, las dos primeras consonantes se unen a la vocal anterior y la tercera forma sílaba con la vocal posterior:

cons-ta-tar, ins-ti-tu-to, trans-fe-rir, ins-tar, trans-cu-rrir,
trans-por-te, ins-tan-cia, obs-tá-cu-lo, pers-pi-caz, ...

4. Cuatro consonantes

• Dos se agrupan a la vocal anterior y otras dos a la posterior:

obs-truir, ins-tru-men-to, cons-truc-tor, ins-cri-bir.

5. Dos vocales

• Si son diptongos constituyen una sola sílaba:

pa-tria, cai-go, rei-no, in-troi-to, dios, cau-to, da-ma-jua-na.

• Si no son diptongo o están en hiato forman dos sílabas:

a-e-ro-puer-to, po-e-ma, te-a-tro, co-le-óp-te-ro, be-o-do, to-a-lla, Ma-rí-a, va-hí-do, mo-hí-no, ten-drí-a.

6. Tres vocales

• Los triptongos se agrupan en una sola sílaba:

ca-lum-niáis, ac-tuéis, U-ru-guay, buey.

• Ortografía de la sílaba

Las dudas que pueden presentársenos acerca de la ortografía de la sílaba surgen cuando nos vemos precisados a dividir una palabra y escribirla en dos renglones, porque no nos cabe en uno solo.

Hemos de tener en cuenta en este caso las siguientes normas:

1. Norma fundamental

• Hay que dividir siempre detrás de una sílaba completa.

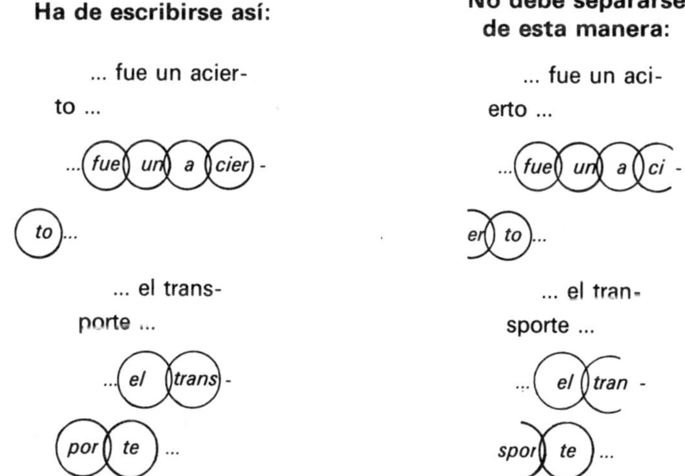

Consecuentemente, no podrá dividirse un diptongo o triptongo, puesto que forman una sílaba.

2. Otras normas

Son, en esencia, ampliaciones o aclaraciones de la norma fundamental.

2.1. En las palabras compuestas se aconseja hacer la división por sus componentes. No obstante, pueden separarse las sílabas como si fuese una sola unidad.

Se prefiere escribir:	**También puede ponerse:**
... vice-	... vicese-
secretario ... / ... nos-	cretario ... / ... noso-
otros ...	tros ...

A pesar de esto que acabamos de expresar, cuando se trata de un compuesto en el que, al dividirlo, haya de quedar una *h* precedida de otra consonante en principio de línea, se escribirá dicha consonante al final del renglón anterior y la *h* al comienzo del siguiente.

Bien:	**Mal:**
... clor-	... clo-
hidrato ... / ... super-	rhidrato ... / ... supe-
hombre ...	rhombre ...

2.2. Aunque, en esencia, no se infringen las reglas ortográficas, se aconseja que al separar las sílabas de una palabra no quede una vocal sola en un renglón.

Debemos escribir:	**No se considera correcto:**
... conve-	... conventí-
nía ... / ... filoso-	a ... / ... filosofí-
fía... / ... atre-	a ... / ... a-
verse ...	treverse ...

Tampoco separar dos vocales, aunque no formen diptongo:

... to-	... tore-
reado ... / ... tea-	ado ... / ... te-
tro ...	atro ...

2.3. Dado que en la pronunciación de ciertas palabras puede ser comienzo de sílaba el grupo *TL* (tlascal, tlazol, tlascalteca, transatlántico), se permite, cuando haya que dividirlas porque no caben en un renglón, adoptar el criterio del silabeo ortográfico. Puede, pues, escribirse:

transa-tlántico o *transat-lántico*

A tenor de esto y lo mencionado en el apartado 2.2, palabras como atlas, atleta, atletismo, sólo pueden dividirse así:

at-las, at-leta, at-letismo

2.4. Las letras *CH*, *LL* y *RR*, aunque sean dobles en su grafía, deben considerarse como simples, puesto que representan un solo fonema, por lo que no pueden separarse. No debe, por consiguiente, escribirse:

gor-ro, per-ro, mor-riña

(error bastante extendido), sino:

go-rro, pe-rro, mo-rriña

6

Apéndice

A. Vocablos latinos de uso corriente en castellano

B. Locuciones latinas que han pasado a ser de uso normal en nuestra lengua

C. Principales faltas de ortología y vulgarismos de la lengua hablada, que pueden dar lugar a faltas ortográficas

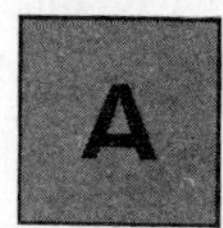

Vocablos latinos de uso corriente en castellano

Alias: De otro modo, por otro nombre.

Abintestato: Procedimiento judicial sobre herencia y adjudicación de bienes del que muere sin testar.

Accésit: Recompensa inferior inmediata al premio en certámenes científicos, literarios o artísticos.

Bis: Dos veces.

Déficit: Descubierto que resulta comparando el debe y el haber. Falta de algo.

Desiderátum: Objeto y fin de un vivo y constante deseo. Lo más digno de ser apetecido en su línea.

Ergo: Por tanto, luego.

Exabrupto: Salida de tono. Dicho o ademán inconveniente e inesperado, manifestado con viveza.

Extramuros: Fuera del recinto de una ciudad, villa o lugar.

Exvoto: Don u ofrenda (muletas, figuras de cera, cabellos, etc.) que los fieles dedican a Dios o a los santos en señal y recuerdo de una gracia o beneficio que han recibido.

Facsímil/ facsímile: Perfecta imitación o reproducción de una firma, escrito, dibujo, impreso, etc.

Factótum: Sujeto que desempeña en una casa o dependencia todos los menesteres. Persona de plena confianza de otra y que, en nombre de ésta, despacha sus principales negocios.

Fíat: (Literalmente: hágase.) Consentimiento o mandato para que una cosa se haga.

Gaudeamus: (Literalmente: alegrémonos.) Fiesta, regocijo, comida y bebida abundante.

Ibídem: En el mismo lugar. Allí mismo (úsase en índices, notas o citas en impresos o manuscritos).

Ídem: El mismo. Lo mismo.

Incontinenti: Prontamente, al instante, al punto, sin dilación.

Infraganti: Véase «in fraganti» (locución).

Intramuros: Dentro de una ciudad.

Magníficat: Cántico que, según el Evangelio de San Lucas, dirigió al Señor la Virgen Santísima en la visitación a su prima Santa Isabel, y que se reza o canta al final de las vísperas.

Nequáquam: En ninguna manera, de ningún modo.

Quídam: Sujeto a quien se designa indeterminadamente. Familiarmente se usa para designar a un sujeto despreciable y de poco valer, cuyo nombre se ignora o se quiere omitir.

Quórum: Número de personas necesario para que un cuerpo deliberante tome ciertos acuerdos. Proporción de votos favorables que se requieren para poder tomar una decisión o acuerdo.

Stábat: Himno dedicado a los dolores de la Virgen al pie de la Cruz, que empieza con esta palabra. Composición musical para ese himno.

Superávit: Exceso del haber sobre el debe. Exceso de los ingresos sobre los gastos. Abundancia o exceso de algo que se considera necesario.

Sursuncorda: Supuesto personaje anónimo de mucha importancia.

Tedéum: Cántico que usa la Iglesia para dar gracias a Dios por algún beneficio (está tomado de las primeras palabras de este cántico: Te Deum laudamus...).

Ultimátum: Resolución definitiva.

Vademécum: (Literalmente: ven conmigo.) Libro de poco volumen que puede llevar uno consigo, para consultarlo con frecuencia y que resume las nociones principales de una ciencia o de un arte. También designa el cartapacio o carpeta para llevar los libros, papeles, etc.

Vale: (Literalmente: consérvate sano.) Fórmula para despedirse familiarmente.

Verbigracia: Por ejemplo.

Volavérunt: Empléase festivamente para indicar que una cosa faltó, se perdió o desapareció.

OBSERVACIÓN:

Sobre la acentuación de estos vocablos, véase pág. 24, Apartado 2.1.12.

B

Locuciones latinas que han pasado a ser de uso normal en nuestra lengua

Ab aeterno:	Desde la eternidad. Desde muy antiguo.
Ab initio:	Desde el principio. Desde tiempo inmemorial.
Ab intestato:	Sin testamento.
Ab irato:	Arrebatadamente, a impulsos de la ira, sin reflexión.
Ab ovo:	(Literalmente: desde el huevo.) Desde el origen o desde muy remoto.
Ad calendas graecas:	Plazo que no ha de cumplirse nunca.
Ad hoc:	A propósito.
Ad honórem:	Honoríficamente
Ad líbitum:	A gusto. A voluntad. (Actualmente existe la moda «ad lib» —de ad líbitum—, consistente en vestir a gusto de cada cual con plena libertad.)
Ad pédem litterae:	Al pie de la letra.
Alter ego:	(Literalmente: otro yo.) Persona en quien se tiene absoluta confianza, o que puede hacer sus veces.
A nativitate:	De nacimiento.
A posteriori:	(Literalmente: por lo que viene después.) Después de examinar el asunto de que se trata.
A priori:	Antes de examinar el asunto de que se trata.
Cálamo currente:	(Literalmente: al correr de la pluma.) Sin reflexión previa, de improviso.
Casus belli:	Caso o motivo de guerra.
Currículum vitae:	Relación de los títulos, honores, cargos, trabajos realizados, datos biográficos, etc., que califican a una persona.

De facto: De hecho.

De iure: De derecho.

Delírium trémens: Delirio con grande agitación y temblor de miembros, ocasionado por el uso habitual y excesivo de bebidas alcohólicas.

Deo gratias: Gracias a Dios.

Deo volente: (Literalmente: queriendo Dios.) Dios mediante.

De visu: Con sus propios ojos.

Dies irae: (Literalmente: día de la ira.) Prosa o secuencia que se recita en las misas de difuntos y que comienza con esas palabras.

Do ut des: Doy para que des. Expresa un móvil interesado en la acción.

Ex abrupto: Viveza y calor con que uno prorrumpe a hablar cuando o como no se esperaba.

Ex cáthedra: Se dice que el Papa habla ex cáthedra cuando, refiriéndose a la Iglesia, define verdades relativas a la fe o las costumbres. En sentido familiar y figurado se refiere a cuando se habla en tono magistral y decisivo.

Ex libris: Cédula que se pega en el reverso de la tapa de los libros, en la cual consta el nombre del dueño o el de la biblioteca a que pertenece.

Ex profeso: De propósito, con particular intención.

Fas(por)/por nefas: Se emplea en la expresión «por fas o por nefas», que quiere decir: justa o injustamente, por una cosa o por otra.

Gratis et amore*: Sin cobrar y por amor o por gusto.

Hábeas corpus: Derecho del ciudadano detenido o preso a comparecer inmediata y públicamente ante un juez o tribunal, para que, oyéndolo, resuelva si su arresto fue o no legal y si debe alzarse o mantenerse. Este derecho se estableció en Inglaterra y de allí ha ido pasando y generalizándose al resto de los derechos de otras naciones.

---

* Las frases marcadas con asterisco no figuran en el Diccionario de la R.A.E. Las restantes sí aparecen en él.

Hic et nunc*: Aquí y ahora. En este momento y lugar.

Hic iácet o jácet*: Aquí yace (se coloca en las lápidas de los sepulcros).

Ídem per ídem: Ello por ello. Lo mismo es lo uno que lo otro.

In albis: (Literalmente: en blanco.) Sin lograr lo que se esperaba. Se dice, generalmente, quedarse in albis.

In ánima vili: (Literalmente: en ánima vil.) Se usa en medicina para denotar que los experimentos o ensayos deben hacerse en animales antes que en el hombre.

In artículo mortis: En el artículo de la muerte. En el último momento de la vida.

In extenso: Por extenso.

In extremis: En los últimos instantes de la existencia. A punto de morir.

In fraganti: En el momento en que se está cometiendo el delito. Equivale a la frase familiar «con las manos en la masa».

In illo témpore: (Literalmente: en aquel tiempo.) En otros tiempos o hace mucho tiempo.

In medio virtus*: La virtud se halla en un término medio.

In pártibus: Familiar y festivamente se aplica a la persona condecorada con el título de un cargo que realmente no ejerce.

In pártibus infidélium: (Literalmente: en lugares o países de infieles.) Se dice del obispo que toma el título de un país o territorio ocupado por infieles y en el cual no reside.

In péctore: Dícese del cardenal in péctore. Eclesiástico elevado a la categoría cardenalicia, pero cuya proclamación e institución se reserva el Papa hasta momento más oportuno. En sentido figurado y familiar se da a entender que se ha tomado una resolución y se tiene aún reservada. Suele aplicarse, por extensión, a cualquier cargo que se prevé o está en esa situación.

In perpétuum: Para siempre. Perpetuamente.

In promptu: De improviso.

In púribus: Desnudo. En cueros.

In sólidum: Expresa la facultad u obligación que es común a dos o más personas y que puede ejercerse o debe cumplirse por entero por cada una de ellas.

Inter nos: Entre nosotros.

Inter vivos: (Literalmente: entre vivos.) Se emplea especialmente en la expresión «donación inter vivos», que es la que se hace en la cuantía y en las condiciones que exigen las leyes para que tenga efectos en vida del donante.

Ipso facto: Inmediatamente. En el acto.

Ipso jure: Por ministerio de la ley.

Ítem o ítem más: Distinción de artículos o capítulos en una escritura o instrumento y también por señal de adición. Figurado y familiar: aditamento, añadidura.

Lapsus cálami: Error cometido al correr la pluma.

Lapsus linguae: Error de la lengua.

Laus Deo: Gloria a Dios. Se emplea al terminar una obra. Figura impresa en el final de algunos libros.

Manu militari*: Mano militar.

Mare mágnum: (Literalmente: mar grande.) Abundancia, grandeza o confusión. Muchedumbre confusa de personas o cosas.

Modus operandi: Manera especial de actuar o trabajar para alcanzar el fin propuesto.

Modus vivendi: Modo de vivir, base o regla de conducta.

Motu proprio: Voluntariamente. De propia, libre y espontánea libertad.

Mutatis mutandis: Cambiando lo que se debe cambiar.

Némine discrepante: Sin discrepancia de nadie. Por unanimidad.

Ne quid nimis: Nada con demasía. Se emplea para aconsejar sobriedad y moderación en todo.

Non plus ultra: Se usa en castellano como sustantivo para ponderar las cosas, exagerándolas y levantándolas a lo más que pueden llegar.

Nota bene: Nótese bien. Observación (en los escritos).

Peccata minuta: Error, falta o vicio leve.

Per se: Por sí mismo.

Plus minusve: Más o menos.

Post scriptum: Se emplea como sustantivo, equivalente a postdata.

Quid divinum: La inspiración propia del genio.

Quid pro quo: Sustituir una cosa por otra equivalente. Error que consiste en tomar a una persona o cosa por otra.

Rara avis: Abreviado de «rara avis in terris», hemistiquio de un verso del poeta latino Juvenal. Suele aplicarse en castellano a una persona o cosa excepcional.

Relata réfero: (Literalmente: yo refiero lo que he oído.) Se usa para eludir la responsabilidad de alguna idea que se apunta como engañosa.

Sine díe*: Sin fecha fija o determinada.

Sine qua non: Aplícase a la condición sine qua non, es decir, sin la cual no se hará una cosa o no se tendrá por hecha.

Statu quo: (Literalmente: en el estado en que.) Estado de cosas en un momento determinado.

Sub júdice: Cuestión pendiente de resolución judicial.

Sui géneris: De un género o especie muy singular y excepcional.

Sursum corda: Arriba los corazones.

Tótum revolútum: Conjunto de cosas sin orden. Revoltijo.

Urbi et orbi: A los cuatro vientos. A todas partes.

Ut retro: Referido a la fecha ut retro, es decir, la misma fecha que se ha expresado anteriormente.

Ut supra: Se emplea en ciertos documentos para referirse a una fecha, cláusula o frase escrita más arriba y evitar su repetición.

Vade retro: (Literalmente: ve o marcha atrás.) Se emplea para rechazar a una persona o cosa.

Velis nolis: Quieras o no. De grado o por fuerza.

Verbi gratia: Verbigracia. Por ejemplo.

Vis cómica: Facultad, fuerza o gracia para hacer reír.

Vox pópuli*: Del dominio público.

C

Principales faltas de ortología y vulgarismos de la lengua hablada, que pueden dar lugar a faltas ortográficas

El lenguaje es una actividad del hombre y, al mismo tiempo, un producto de la sociedad en que vive, de ahí que exista entre ellos una íntima relación e interdependencia.

El catedrático y académico Manuel Alvar afirma certeramente que «no podrán zafarse la lengua de la sociedad a la que sirve, la sociedad de la lengua que necesita para su comunicación; antes, al contrario, una y otra se presentan trabadas sin disociar»[1].

Pues bien, si la lengua se da en, por y para la sociedad, es evidente que aquella acusará en su seno las mismas diversificaciones que sufre ésta en el suyo, motivadas por múltiples causas de índole cultural, socioeconómica, etc.

No podemos pretender que hablen igual, por ejemplo, un abogado y un campesino, un maestro y un analfabeto... De ahí que nos encontraremos con distintos niveles de uso de la lengua.

La cultura, la instrucción, el gusto de las personas, su formación integral, etc., se manifiestan en la expresión de su lengua, de modo que el habla resulta distinta, según quienes la utilicen. Esto sucede en cualquier idioma.

En un primer plano de utilización de la lengua podríamos decir que hay un habla correcta, normal; otra, la literaria, que se sale de lo ordinario, que posee cierta belleza y, finalmente, el habla vulgar, tosca, con incorrecciones gramaticales de todo tipo, con defectos que enturbian el idioma, de los cuales debemos huir.

La lengua es única. Somos nosotros los que, al utilizarla, lo hacemos de diferente modo. Con un mismo instrumento, las palabras, podemos decir vulgaridades o crear arte. Sin embargo, la aspiración de todo hombre ha de ser la de, al menos, hacer un uso correcto del mejor patrimonio de que dispone, la lengua.

La Real Academia Española de la Lengua, a través de su Gramática y el Diccionario, nos da —valga la expresión— una especie de código que regula el uso del idioma y dictamina cómo «se debe» o «no se debe» pronunciar o escribir nuestro idioma.

[1] Manuel Alvar: *Lengua y sociedad.* Planeta y Editora Nacional. Barcelona, 1976, pág. 12.

Pero sin necesidad de acudir a esas reglas (de las que hemos venido tratando a lo largo de este texto), que la mayor parte de los hablantes desconocen, éstos, por simple comparación con la idea que se suele tener de la que llamamos «lengua culta», se dan cuenta de determinadas incorrecciones cometidas al hablar, a las que damos el nombre muy general de vulgarismos.

Los vulgarismos pueden ser muchos y originarse a nivel fónico, semántico, morfológico, sintáctico, etc.

Por otra parte, puede tratarse de vulgarismos muy extendidos, incluso entre personas que por su nivel cultural no debieran cometerlos, o de vulgarismos producidos por una cultura muy baja, casi pudiéramos decir, propia de analfabetos.

No pretendemos tratar aquí de todos ellos. Únicamente vamos a poner de manifiesto, a continuación, los principales vulgarismos que suelen cometerse en el plano fónico de la lengua, muy extendidos, como decíamos anteriormente, aun entre personas que dicen ser cultas, los cuales no sólo resultan ser faltas de ortología, sino que, llevados por el frecuente uso de las mismas, pueden dar lugar a dudas o incorrecciones ortográficas.

1. Principales vulgarismos en el plano fónico de la lengua

1.1. Pérdida de *-d-* intervocálica en sílaba final de palabra

Es cada día más frecuente, incluso en personas a las que hay que suponer que están dotadas de un nivel cultural bastante aceptable, el hecho de no pronunciar la consonante *-D-* intervocálica de la sílaba final:

- En los participios de los verbos de la primera conjugación:

  abrochao (abrochado), *anunciao* (anunciado), *atao* (atado), *calao* (calado), *considerao* (considerado), *dilucidao* (dilucidado), *estao* (estado), *estudiao* (estudiado), *fregao* (fregado), *legislao* (legislado), *lesionao* (lesionado), *llevao* (llevado), *montao* (montado), *presupuestao* (presupuestado), *solventao* (solventado), *televisao* (televisado), *tirao* (tirado), ...

- No tan generalizado, resulta más vulgar todavía si se suprime en los participios acabados en *-ido*, de la segunda y tercera conjugación:

  comío (comido), *salío* (salido), *sentío* (sentido), *tenío* (tenido), *vendío* (vendido), *venío* (venido), ...

- A semejanza de los anteriores, suele cometerse también esta incorrección en sustantivos y adjetivos que tienen esta terminación:

  abogao (abogado), *candao* (candado), *diputao* (diputado), *encargao* (encargado), *juzgao* (juzgado), *mercao* (mercado), *soldao* (soldado), *acaramelao* (acaramelado), *atontao* (atontado), *chalao* (chalado), *desgraciao* (desgraciado).

OBSERVACIONES:

- Este vulgarismo suele cometerse cuando se trata de palabras de acentuación grave o llana, no así en las esdrújulas:

  centígrado, digitígrado, plantígrado, ...

- Al no pronunciar la *-D-* intervocálica, en los femeninos se dará lugar al encuentro de una doble *a* y reducción o simplificación de la misma:

  abogá (abogada), *atontá* (atontada), *chalá* (chalada), *desgraciá* (desgraciada), *enamorá* (enamorada), ...

1.2. Palabras acabadas en *d*

- Hay una tendencia muy frecuente a no pronunciar la *D* final de palabra:

  amistá (amistad), *beatitú* (beatitud), *ciudá* (ciudad), *eternidá* (eternidad), *felicidá* (felicidad), *fraternidá* (fraternidad), *igualdá* (igualdad), *Madrí* (Madrid), *paré* (pared), *prontitú* (prontitud), *salú* (salud), *sanidá* (sanidad), *Valladolí* (Valladolid), *verdá* (verdad), *virtú* (virtud), ...

- Con menor frecuencia se pronuncia la *d* como *z* o *t*:

  Madriz, verdaz, ciudaz, castidaz, amistat, eternidat, igualdat, ... (véase pág. 61, observación).

1.3. Sílaba *ad* seguida de consonante

- Suele pronunciarse la *d* como *z*:

  azjudicar (adjudicar), *azministrar* (administrar), *azmisión* (admisión), *azquirir* (adquirir), *azversario* (adversario), *azviento* (adviento), ...

1.4. Confusión de consonantes

- Se cambia una consonante por otra en algunas palabras, como:

  abuja (aguja), *abujero* (agujero), *admósfera* (atmósfera), *almóndiga*[2] (albóndiga), *alvertir* (advertir), *aztor* (actor), *desinfestar* (desinfectar), *desquebrajar*[2] (resquebrajar), *moñigo-a* (boñigo-a), *picia* (pifia), *doztor* (doctor), *produztor* (productor), *seztor* (sector), ...

---

[2] Forma aceptada por la R.A.E. en la última edición de su *Diccionario* (norma 20.ª), aunque sigue prefiriendo la citada entre paréntesis.

1.5. Grupos consonánticos

Los más frecuentes son:

- Simplificación de *NS* en *S*:

ispección (inspección), *ispector* (inspector), *ispiración* (inspiración), *istalación* (instalación), *istancia* (instancia), *istantáneo* (instantáneo), *istaurar* (instaurar), *istigar* (instigar), *istinto* (instinto), *istitución* (institución), *istruir* (instruir), *istrumento* (instrumento), ...

- Reducción de *CC* a *C*:

ación (acción), *contración* (contracción), *produción* (producción), *redución* (reducción), *sedución* (seducción).

OBSERVACIÓN:

Para saber cuándo debe pronunciarse (y escribirse) con doble *C* (*CC*) o *C* sencilla, tengamos en cuenta que:

- Existirá *CC* en una palabra, si a la misma le corresponde otro sustantivo que termine con la sílaba *-tor*, precedida del sonido *K* (*C*):

actor	*acción*	inyector	*inyección*
calefactor	*calefacción*	lector	*lección*
conductor	*conducción*	productor	*producción*
contractor	*contracción*	reactor	*reacción*
constructor	*construcción*	redactor	*redacción*
destructor	*destrucción*	reductor	*reducción*
extractor	*extracción*	sector	*sección*
factor	*facción*	seductor	*seducción*
inspector	*inspección*	tractor	*tracción*
instructor	*instrucción*	traductor	*traducción*

- Llevará, en cambio, una sola *C* si le corresponde otro sustantivo acabado en la sílaba *-dor* o en *-tor* (no precedida de *K*):

consumidor	*consumición*	repartidor	*repartición*
donador	*donación*	rotulador	*rotulación*
fundador	*fundación*	saludador	*salutación*
fundidor	*fundición*	traidor	*traición*
instalador	*instalación*	cantor	*canción*
perdedor	*perdición*	mentor	*mención*
radiador	*radiación*	redentor	*redención*

1.6. Aumento o supresión de fonemas

- *Consonánticos.*

— Aumento:

disgresión (digresión)

Suele cometerse frecuentemente esta incorrección al añadir una *S* a la segunda persona singular del pretérito indefinido de los verbos:

estuvistes (estuviste), *amastes* (amaste), *partistes* (partiste), *temistes* (temiste)

— Supresión:

fustrar (frustrar), *esparramar* (desparramar), *conceto* (concepto), *efeto* (efecto), *vejía* (vejiga), *delicuente* (delincuente), *aguacil* (alguacil), ...

- *Vocálicos.*

— Aumento:

huéspede (huésped), *barajear* (barajar), *preveer* (prever), ...

— Supresión:

sís y *nos* (plurales, respectivamente, de sí y no, debiendo decirse síes y noes), *inagurar* (inaugurar)[3], ...

1.7. Metátesis de alguna vocal o consonante

- Cambio de lugar de algún fonema:

areopuerto (aeropuerto), *areodinámico* (aerodinámico), *cocreta* (croqueta), *dentrífico* (dentífrico), *humadera* (humareda), *enquencle* (enclenque), *secnetud* (senectud), ...

1.8. Confusión o cambio de una vocal por otra

- Átonas:

espúreo (espurio), *diabetis* (diabetes), *tenaja* (tinaja), *destornillarse* (desternillarse), *ceática* (ciática), *eligir* (elegir), ...

---

[3] Pueden escribirse indistintamente: *elucubrar, elucubración, lucubrar, lucubración.*

- Tónicas:

  diverger (divergir), *folletón* (folletín), *inapto* (inepto), *merendemos* (merendamos), *paseemos* (paseamos) y, en general, la primera persona del plural del pretérito indefinido de los verbos de la primera conjugación (como los dos ejemplos anteriores).

1.9. Simplificación de grupos vocálicos y viceversa

- Simplificación:

  coperativa (cooperativa), *cordenada* (coordenada), *cordinador* (coordinador), *custión* (cuestión), *ventiuno* (veintiuno), *revindicar* (reivindicar), *preminencia* (preeminencia), ...

- Diptongación:

  nuevecientos (novecientos), *desaveniencia* (desavenencia), *recientísimo* (recentísimo), ...

2. Yeísmo

Consiste en pronunciar del mismo modo la *LL* y la *Y*. Se ha generalizado de tal manera, que se ha extendido por casi todos los dominios del español, por lo que no debe considerarse como vulgarismo, sino más bien como un simple fenómeno de variación fonética, al realizar por medio de un solo sonido dos fonemas distintos: halla y haya; valla y vaya; calló y cayó, bollero y boyero, malla y maya... (véase pág. 114).

3. Seseo y ceceo

- El seseo consiste en pronunciar el fonema *Z* (za, ze, zi, zo, zu, ce, ci) como *S*:

  sapato (zapato), *seta* (zeta), *síngara* (zíngara), *sorro* (zorro), *sueco* (zueco), *sepillo* (cepillo), *siento* (ciento)

- El ceceo, por el contrario, consiste en pronunciar *S* como *Z*:

  zabio (sabio), *zeñor* (señor), *ziempre* (siempre), *zopas* (sopas), *zuelto* (suelto)

El seseo se da como fenómeno generalizado en Andalucía, Canarias, Extremadura e Hispanoamérica. El ceceo solamente en algunas regiones andaluzas.

Tanto uno como otro, si bien no se ajustan a la norma gramatical, tampoco deben ser considerados como vulgarismos, sino más bien como regionalismos o dialectalismos.

Son aceptables, no obstante, únicamente en la lengua hablada, nunca en la escrita.

7

Vocabulario